LE NOUVEAU
PATISSIER-GLACIER

FRANÇAIS ET ÉTRANGER

OUVRAGE UNIQUE, CONTENANT 600 RECETTES

DE

PATISSERIE FINE ET DE GLACES

de France et de l'Étranger, dont beaucoup inconnues jusqu'à ce jour

SPÉCIALEMENT EN ENTREMETS

PAR

P. LACAM

Pâtissier, 77, Rue Montmartre, Paris

PRIX DU VOLUME

POUR PARIS, BROCHÉ. 6 FR. » » POUR PARIS, RELIÉ. 7 FR. » »
POUR LA PROVINCE, ID. 6 50 POUR LA PROVINCE, ID. 7 50

ENVOI CONTRE UN MANDAT SUR LA POSTE, ÉCRIRE FRANCO

SEULS DÉPOTS A PARIS

CHEZ L'AUTEUR, 77, RUE MONTMARTRE

ET CHEZ

DABENNE, placeur des Ouvriers Pâtissiers, Confiseurs, Glaciers

43, RUE BERGER

LE NOUVEAU

PATISSIER-GLACIER

Français et Étranger.

PARIS. — TYP. DUBOIS ET ÉDOUARD VERT, RUE N.-D.-DE-NAZARETA, 29.

LE NOUVEAU
PATISSIER-GLACIER

FRANÇAIS ET ÉTRANGER

TRAITÉ COMPLET ET PRATIQUE DE PATISSERIE FINE ET DE GLACES

Contenant

540 RECETTES FRANÇAISES ET ÉTRANGÈRES, DONT BEAUCOUP INCONNUES JUSQU'À CE JOUR, SPÉCIALEMENT EN ENTREMETS, APRÈS SEIZE ANNÉES DE TRAVAIL, EN FRANCE ET A L'ÉTRANGER

PAR P. LACAM, PATISSIER

(DE 1849 A 1865)

77, RUE MONTMARTRE (PARIS)

OUVRAGE SPÉCIALEMENT DESTINÉ A MM. LES PATISSIERS-GLACIERS

Très compliqué et facile à saisir

DÉPOT

Chez l'AUTEUR, 77, Rue Montmartre

ET CHEZ

M. DARENNE, BUREAU DES PATISSIERS-GLACIERS

13, Rue Berger, PARIS

---

15 JUILLET 1865

Cet ouvrage étant ma Propriété, tout
exemplaire non revêtu de ma signature, sera
réputé contrefait.

77, Rue Montmartre.

AVANT-PROPOS

Le livre que j'offre au public, est une spécialité acquise par moi, après seize années de travail. Jusqu'à présent, il n'a paru que des ouvrages ne traitant, pour ainsi dire, que le fond de la pâtisserie. Les entremets n'étaient presque pas mis à jour ; ils n'ont commencé à se développer qu'en 1850, grâce aux Messieurs Julien (*). Ce sont eux (quoiqu'on en dise), qui ont eu les premières idées du perfectionnement de la pâtisserie, et encore de nos jours, c'est la maison modèle.

Depuis ce moment, elle a fait des progrès, ce que trois siècles n'avaient pu faire. Tout le monde s'est mis à l'œuvre, et la province comme Paris, a fait des créations nouvelles. Au commencement de ce siècle, le biscuit de Savoie, et le mille-feuille, étaient les héros d'un dîner ; aujourd'hui, l'on en parle à peine. Le palais du français est devenu si délicat, qu'il lui faut toujours des mets nouveaux. Rendons-lui justice, c'est grâce à son palais, que nous nous sommes tendus à créer des spécialités nouvelles. Les recettes de notre partie, sont très difficiles à saisir, si elles ne sont pas démontrées à mesure que l'on les prépare. Malheureusement, il a toujours existé une espèce d'amour-propre chez les artistes en pâtisserie, ce

---

(*) Patisserie modèle, place de la Bourse et rue Vivienne, 27.

qui fait que les jeunes subalternes, sont très longtemps à être ouvriers, vu le voile qui leur couvre les yeux.

Il m'a fallu du temps, de la souplesse, et un grand amour de l'état, pour avoir pu obtenir le résultat que je me proposais, car, au bout de seize ans, ayant fait quarante-huit maisons en France et à l'étranger, il a fallu que je m'y donne pour pouvoir livrer au public 540 recettes choisies, je dis choisies, vu que je les ai tirées de mon cahier, qui en contient 800. Je livre plusieurs entremets qui sont ma propriété. En France, la pâtisserie est bonne, a de l'œil et est faite proprement. Nous avons de tout ce qu'il faut pour la faire bonne, jusqu'à l'air qui est le meilleur du monde. Il n'y a pas de pays plus tempéré que la France, l'on dirait que le ciel nous a protégés, tout y abonde ; aussi, le pâtissier français est appelé partout, nous avons des artistes dans toutes les cinq parties du monde, mais, souvent, il ne peut pas faire ce qu'il voudrait dans ces pays lointains, vu le manque de matière. Ainsi, l'Italie, l'Espagne, la Turquie et l'Egypte, ont des beurres mous et salés, très souvent impossible de s'en servir, c'est le climat qui est trop chaud. L'amande, c'est la douceur par excellence, que ferions-nous sans l'amande ? Pas grand'chose. Aurions-nous des entremets si bons que nous en avons. Non, c'est impossible. Glorifions la Provence, car, c'est dans les plaines d'Aix, que poussent les meilleures amandes et aux îles Minorque et Mayorque. Avec quoi remplacerait-on l'amande ? Vous me direz avec la noisette. L'on a essayé à s'en servir, mais elle est trop lourde et noircit le gâteau, puis elle n'a pas de corps. Jamais elle ne prendra, sinon pour quelques spécialités. Après la noisette, vient la pistache.

La pistache est un fruit délicieux, mais elle a deux défauts qui en éloignent le grand usage. Le premier, c'est qu'elle est très chère, et qu'il faut des gâteaux spéciaux pour l'employer. Le second, c'est qu'elle est verte, et tout le monde n'aime pas cette couleur, sans cela, c'est le fruit par excellence. Après la pistache, vient le pignon, fruit gras comme la pistache, très blanc, mais pas de corps. L'on ne peut l'employer que haché. Il s'en fait un grand usage à Toulouse et à Bordeaux. Le fruit est très bon ; il a un goût huileux. Ce sont les trois concurrents à l'amande. L'amande est presque la matière première du pâtissier, du confiseur et du glacier. Sa préparation demande beaucoup de soin pour la blanchir et l'émonder surtout, pas trop la faire sécher, cela lui enlève totalement le goût. Le pâtissier a beaucoup de mérite, beaucoup de soin et de goût à avoir. Il faut avoir deux qualités principales pour être patissier. 1° Bien savoir chauffer un four et connaître les degrés de chaleur pour la cuisson de chaque genre de gâteaux. C'est là le départ de l'artiste, c'est le four qui joue le principal rôle. 2° Etre très vif, très propre, et avoir beaucoup de goût. Car, celui qui a du goût dans la pâtisserie, peut faire tous les jours des innovations nouvelles. Soit entremets, soit petits fours. Qu'y a-t-il de plus beau qu'une montre de pâtissier, où l'on voit d'un côté des beaux entremets, et de l'autre jusqu'à cinquante guéridons de petits-fours variés. J'appelle cela être artiste, cela tient du majestueux. Le glacier est le trait-d'union avec le pâtissier ; à lui le palais, pour goûter les parfums qu'il doit employer pour ses glaces. Une glace qui n'est pas bien parfumée, n'a rien d'excitant. Qu'y a-t-il de plus goûté qu'un bon entremet frappé, soit Plombières, Dame Blanche ou Parfait, au milieu d'un dîner, pas grand'chose. Le sorbet est bien vu aussi, mais il faut le préparer, comme j'en donne la description plus loin, c'est de l'extra.

Les glaces sont très anciennes, et ont subi une grande réforme depuis une quinzaine d'années, surtout les entremets frappés. Le premier qui fit les glaces en France, fut un napolitain. Il vint s'établir à Lyon, où il ramassa une fortune énorme ; depuis, les glaces ont tellement pris de l'extension, que le plus petit dîner en a au service. L'Italie est la mère des glaces. Le premier qui goûta le mieux la pâtisserie, fut Brillat-Savarin. S'il revenait sur la terre, il croirait retrouver un deuxième ciel, tellement la pâtisserie s'est perfectionnée. Je n'offre pas au public des modèles de pièces, ni de décors, mes prédécesseurs s'en sont chargés avant moi, et aujourd'hui, le pâtissier en a tant vu et tant reçu à domicile, soit dans des livres, soit dans des prospectus, que je m'abstiens totalement ; d'abord, les modèles coûtent très cher, ce qui me forcerait à mettre un prix bien au-dessus de celui que je mets pour livrer mon livre de pâtisserie, et c'est principalement dans ce but que je l'ai fait, pour être à la portée de tout le monde. L'on sait que la pièce montée est une affaire de goût et de talent. Cela n'est pas dû à tout le monde. Et ce n'est pas un modèle sur un livre qui fera faire une pièce montée, si vous n'avez pas le moule. Tout cela n'est que de l'emphase. Ceux qui veulent des moules n'ont qu'à écrire à M. Trottier, 4, rue Saint-Honoré. Je me suis adonné à livrer un livre de pâtisserie fine et de glaces. Ce que l'on peut désirer y est contenu, et le tout est rangé par gradation. Et comme ceux qui me liront auront des connaissances plus ou moins approfondies dans ces deux états, je serai un peu bref dans les explications, car je sais, d'après nature, que le lecteur n'est pas toujours patient, et mon but n'est pas de grossir un volume par des explications plus ou moins longues, sous prétexte d'éclairer les imaginations. Je livre de bonnes recettes, et je les explique pour le mieux. Dans notre état, il y a toujours du nouveau ; faites cinquante maisons dans la même ville, dans ces cinquante maisons, vous verrez cinquante manières de travailler, et vous apprendrez peut-être cent sortes de gâteaux que vous n'auriez pas connus. Il faut voir Paris d'abord, ensuite la province, pour se perfectionner, car il y a des villes de province qui travaillent bien, et, généralement qui ont beaucoup de goût. Je citreai Nantes, Bordeaux et Toulouse; voilà des villes où la pâtisserie a fait du progrès. Mais il faut passer à Paris pour devenir vif et avoir de la hardiesse. La Prusse et l'Allemagne travaillent assez finement; mais c'est la France qui réunit le monopole. Plus un ouvrier changera de maison, de ville et de royaume, plus il deviendra artiste dans la pâtisserie. C'est comme ça que j'ai fait. Les principaux éléments de la pâtisserie sont : la farine, les œufs, le beurre, le sucre, les amandes, le bois, la vanille, toutes sortes de fruits et beaucoup de parfums. Le lait et la crème jouent un grand rôle dans la pâtisserie et les glaces. En employant de bonnes matières, l'on fait toujours de bonnes maisons. C'est là mon but. Il y a trois mots en tête de la pâtisserie qui lui servent d'emblème :

Bonté, beauté, propreté.

J'espère, en faisant ce livre, avoir mérité l'accueil de mes confrères, et suis leur dévoué.

P. Lacam

77, rue Montmartre.

PRÉFACE

Pour faciliter le lecteur à me comprendre et à ne pas cher-cher longtemps, j'ai rangé, autant que possible, toutes les recettes par rang d'ordre. La collection est complète. Je commence par le fond de la pâtisserie, vu que c'est par là que commence un ouvrier pour se faire la main, et quand il sait bien faire les pâtes (ce qui ne s'apprend pas tout de suite), on peut lui confier tout ce qui concerne la pâtisserie. Je commence par les pâtes, les crèmes, les sauces, les godiveaux, les entremets extra, les entremets fins, les entremets chauds, les entremets frappés, les entremets gelés, les entremets secs et à thé, les entremets ordinaires, la pâtisserie anglaise, les gâteaux à 10 et 15 centimes, les gâteaux secs, les biscuits, les fours à thé, les sortes de meringuage, les macarons, les vins fins, les sirops, les confitures de fruits, les conserves de fruits, les pâtes de fruits, les gelées de fruits, les marmelades, quinze sortes de pâtes d'amandes pour petit-four, et la ma-nière de s'en servir. Avec ces sortes de pâtes d'amandes, l'on peut faire au moins trois cents modèles de petits-fours ; seule-ment, il faut avoir beaucoup de douilles à sac et à seringue pour varier. La maison Krapf, mouliste, 3, rue Mandar, en a une belle collection. En dernier, je donne le menu d'une soirée de trois cents personnes, puis le menu d'un dîner de trente couverts, et un dîner de vingt couverts. Les per-sonnes qui auraient besoin de quelques renseignements, je les leur donnerai dans la mesure de mes forces.

P. LACAM,

77, rue Montmartre.

NOTIONS PRÉLIMINAIRES

La première notion chez un pâtissier, c'est la propreté sur lui et à son travail. Avoir toujours du linge bien blanc sur soi. Les cheveux coupés très courts, l'on est si sujet à laisser tomber des cheveux en travaillant. Surtout ne pas fumer dans un laboratoire, il n'y a rien de pareil à cette odeur, pour influer sur les pâtes et les gâteaux. Avoir son laboratoire très propre et tenir les pâtes de toute sorte au frais et couvertes, jamais une pâte n'est trop au frais, si ce n'est le Savarin, mais la brioche une fois qu'elle a été rompue à deux séances, on peut la tenir dans la glace. L'essentiel, c'est l'économie en tout.

Tous les moules, soit biscuit, soit entremet ou autres (hors les cercles à flan), se beurrent au beurre clarifié très chaud. Après cela on les égoutte pour ne pas en perdre, l'on ne glace guère que les moules à biscuit de Savoie. C'est comme la Génoise, elle est bien plus belle battue à froid et se conserve plus longtemps. Seulement il faut la battre avec un bon moule de kirsch par livre. Cela remplace le feu.

Ne jamais glacer un entremet, ni un gâteau, sans y passer un pinceau d'abricot. Plus il est chaud, plus il fait reluire la glace. Sans abricot, pas de glace luisante, sinon le fondant.

Dresser autant que possible les petits-fours sur du papier registre, c'est le papier le plus facile et le plus propre. Veiller sur le four pour ne pas les colorer de trop. Les gommer sitôt cuits.

Les entremets se décorent tous aux fruits, c'est bien préférable au cornet ; d'abord, le coup-d'œil est plus beau, cela rehausse le gâteau en le faisant paraître plus grand, et puis c'est bon à manger. Du reste, le Cornet est tout à fait délaissé. Il n'y a plus que le Napolitain et le Chateaubriant qui se parent avec.

Avoir des seringues mécanique pour les petits-fours. L'on fait les fours à thé et pâte d'amande que l'on veut avec cela, et l'on ne s'use pas la poitrine, ce qui est déjà bien avantageux. Les crèmes fines, doivent toujours être remuées sur le feu. N'y mettre que des gousses de vanille, cela leur donne plus de goût et ne les noircit pas. Ne les faire servir que trois fois au plus, on les pile pour mettre dans les entremets, ou petit-four. Pour les crèmes à beurre, avoir du beurre ce qu'il y a de plus fin. Bien réfléchir une recette avant de la commencer.

APPAREIL pour beurrer les Biscuits de Reims

Faites fondre 125 grammes suif rognon de bœuf, 125 grammes cire vierge et 125 grammes de beurre. Faire bouillir le tout, et le clarifier bien propre. L'on beurre le moule légèrement avec. On les glace à mesure.

ENTREMETS

Mettre des fonds en pâte sucrée à tous les entremets qui sont creux ou percés, sans cela, ils craignent beaucoup de se casser. Avoir soin de ne guère cuire les entremets.

ADRESSES UTILES

MOULISTES A PARIS.

TROTTIER, 4, rue Saint-Honoré, spécialité de moules pour pâtissiers.

KRAPF, 3, rue Mandar, mouliste, pour pâtissiers douilles à sac.

PRÉAU, rue des Deux-Ecus, 18, moules pour pâtissiers-glaciers.

LÉTANG, 83, rue du Temple, moules pâtissiers et sorbetières.

BUREAUX DE PLACEMENTS.

DARENNE-CINTRACT, bureau des pâtissiers-glaciers, 13, rue Berger, Paris.

RUCHIER, bureau des pâtissiers, 33, rue Vieille-Monnaie, à Lyon.

BUGUET, bureau des pâtissiers, 15, rue Tanesse, à Bordeaux.

SAMSON, placeur des pâtissiers, à Bordeaux (Gironde).

REYNAUD, placeur des pâtissiers-confiseurs, 30, rue du Calvaire, à Nantes (Loire-Inférieure).

BEURRE.

J. LANOE-BIDARD, pour le beurre salé, 30, rue Saint-Louis, à Rennes (Ille-et-Vilaine).

DEMELUN-BUCAILLE, pour le beurre d'Isigny, à Isigny, arrondissement de Bayeux (Calvados).

Beurre de feuilletage, 102, rue Rambuteau, M. LEROUX.

GRUAU ET FARINE.

PLESSIER, 4, rue Babille, Paris, usine à Pontoise.

CHOCOLATS SANS SUCRE.

Charles PRIEUR, 24, rue du Bouloi, Paris.

FRUITS SECS.

LEBRETON et BRÉE, 18, rue Simon-le-Franc, Paris.

TRAITÉ DES PATES

Pâte à Pâté.

Mettez sur le tour 12 litres de farine, faites un large trou dans le milieu, ajoutez-y 125 gr. de sel, 2 kil. de beurre. Mettre de l'eau ce qu'il faut pour avoir une pâte très dure. On la mouille de peu à peu, et on frase trois fois avec la paume des mains. Puis on la met reposer dans un endroit frais. Cette pâte se fait la veille.

Pâte à dresser.

12 litres de farine, faites un trou au milieu, ajoutez-y 125 gr. de sel, 1 k. 1[2 de beurre, de l'eau ce qu'il faut pour la faire plus dure que la pâte à pâté, la fraser trois fois, la mettre à reposer dans un endroit frais. L'on dresse les pâtés à la main avec cette pâte.

Pâte à foncer.

12 litres de farine, 4 kil. de beurre, faire un trou pour mettre le beurre, 125 gr. de sel. Mettre de l'eau ce qu'il faut pour faire une bonne pâte un peu dure. La fraser trois fois avec les mains. La mettre au frais. Cette pâte se fait la veille.

Feuilletage.

Mettez sur le tour 6 litres farine de gruau, 30 grammes de sel, faire un trou pour mettre le sel et de l'eau, détremper la farine avec l'eau, que la pâte ne soit pas trop dure ni coriace. Quand elle est détrempée, l'on sépare la pâte en six parties égales, et l'on y met 500 gr. de beurre sur chaque tas. Que le beurre soit ferme et gras ; l'on double la pâte en quatre sur le beurre, et l'on commence à donner deux tours. Cela s'appelle tourrer du feuilletage. L'on étend sa pâte avec un rouleau ; quand elle est étendue en long, on la double d'un bout que l'on appuie au milieu, puis après l'autre bout que l'on fait revenir pour couvrir le tout. Cela s'appelle donner un tour ; l'on en donne six comme cela, deux par deux, puis l'on détaille.

Galette de Paris.

12 litres de farine que vous mettez sur le tour, un trou au milieu, puis 125 gr. de sel, 4 k. 1|2 de beurre et de l'eau. Bien mêler le beurre avec la farine, pâte un peu ferme. Pas la fraser. Une fois pétrie, on la sépare en quatre parties. L'on donne deux tours à chaque, on la pèse, et on la cuit à four chaud, 1 f. 50 c. le 1|2 kil.

Galette pâte ferme.

Mettez moitié feuilletage en rognures et moitié pâte à foncer ; mêlez et moulez le tout ensemble. La rayer en feuille, 1 fr. 50 c. la livre. Cuire à four chaud.

Galette de ménage.

6 litres de farine sur le tour, un trou au milieu, mettez-y 64 grammes de sel, 1 kilog. de beurre, la pétrir avec de l'eau un peu ferme. Pas la fraser. Cuire à four chaud. 1 fr. 25 c. la livre.

Plomb fin.

625 grammes de gruau sur le tour, faire un trou, y mettre un tas de sel et 50 grammes de sucre, 500 gr. de beurre fin, 5 jaunes d'œufs, du lait et eau d'oranger. Pétrir un peu ferme, le fraser deux fois, le faire la veille. Le lendemain on le cuit à four chaud. 2 fr. le 1|2 kil.

Plomb ordinaire.

500 grammes de farine sur le tour, faites un trou, y mettre un tas de sel, 50 gr. de sucre, 375 gr. de beurre, trois jaunes, du lait, le faire un peu mou comme la brioche.

Pâte à Brioche.

Mettez 12 litres de farine sur le tour. Sortez-en 1 kilo 1|2. Mettez dans ce kilo 1|2 125 gr. de levure de bière pour faire votre levain à à l'eau chaude ; une fois fait, mettez le à lever, puis faites un trou dans la farine qui reste, mettez-y 125 gr. de sucre, 125 gr. de sel que vous faites fondre avec de l'eau, 4 kilos 1|2 de beurre, 72 œufs, ce qui fait 6 œufs par 1|2 kilo. Mettez les œufs en deux fois, pétrissez bien votre pâte, soufflez-la ; puis, lorsqu'elle est bien pétrie, mettez-y votre levain. La faire la veille pour le lendemain. La rompre deux fois. Si la pâte est trop dure, l'on met de l'eau. L'été on ne met que la moitié du beurre en la pétrissant, et il y en a qui ne le mettent tout qu'à la fin.

Pâte à Baba.

2 litres de farine sur le tour ; prendre le quart et faire le levain avec 30 gr. de levure, puis l'on pèse 500 gr. de beurre, l'on met deux tas de sel, quatre tas de sucre, l'on pétrit la pâte avec 16 œufs et du lait, puis le levain. Lorsque la pâte est bien pétrie et qu'elle a du corps, l'on y ajoute le beurre, que l'on aura bien manié, et l'on met à lever. Le lendemain l'on y met 1|4 raisins variés, et en moule.

Pâte à Savarin.

Même pâte que celle à Baba. Seulement, au lieu de raisins, l'on y met 125 gr. d'orangeat et cédrat hachés, puis des amandes hachées.

Sirop à Baba.

6 litres sirop cuit à 28 degrés et un litre de rhum pur. On trempe les babas dedans une fois cuit.

Sirop à Savarin.

9 litres sirop cuit à 28 degrés, y ajouter 250 gr. poudre d'amandes et noisettes, 500 gr. de miel du pays, 2 gousses vanille, 1|2 litre de kirsch, anisette et curaçao, le tout en infusion.

Pâte à Échaudés.

3 litres de gruau sur le tour, faire un trou, y mettre 375 gr. de beurre, 3 tas de sel, 5 gr. de carbonnate ammoniac, 24 à 25 œufs. Bien les pétrir, les fraser trois ou quatre fois finement. On les blanchit à l'eau bouillante au bout d'une heure, puis, on les jette dans l'eau froide jusqu'au lendemain. Les cuir à four chaud dans des caisses carrées.

Pâte à Choux.

1 litre d'eau, 1/2 kilo de beurre, 1 tas de sel, 50 gr. de sucre, dans une casserole sur le feu ; sitôt que cela bout, on y ajoute 500 gr. de farine ; l'on remue, sur le feu, jusqu'à ce que ce soit desséché ; puis,

l'on y met 16 œufs, et plus si c'est trop dur ; l'on dresse à la poche, et l'on cuit tout chaud, four moyen.

Pâte à foncer les Entremets.

500 gr. de farine sur le tour, 250 gr. de sucre, 125 gr. de beurre, 1 tas de sel, 3 œufs ; pâte ferme. L'on fonce les entremets avec.

Pâte à Thé.

500 gr. de farine sur le tour, 250 gr. de beurre, 250 gr. de sucre, 3 œufs, eau d'orangers, 1 tas de sel, pâte ferme. — 2 fr. les 500 gr. — au rouleau, four vif.

Pâte à Seringue.

500 gr. de farine, 250 gr. de sucre, 250 de beurre, 4 œufs, anisette, 1 tas de sel, four vif. 2 fr. le 1/2 kil.

Pâte d'office.

500 gr. de farine sur le tour, 250 gr. de sucre, 3 ou 4 blancs d'œufs ; pâte dure ; l'on fait des socles avec, pour pièces montées.

Pâte à Bordures.

500 gr. de fécule, 500 gr. de glace de sucre, 3 blancs d'œufs ; pâte très-dure. Bien la travailler. L'on fait des bordures avec, à l'emporte-pièce, que l'on fait sécher, sur le four, sur papier, pour pièces montées.

Pâte à Devises.

31 gr. de gomme adragante fondue avec un 1/2 litre d'eau d'orangers à froid : bien la travailler le lendemain au mortier, avec de la glace et 4 blancs d'œufs. Que la pâte soit très-dure. On la dresse au rouleau cannelé. On fait des devises avec et des tablettes d'althéa. Faire sécher pendant 24 heures.

Pâte à Nouilles.

500 gr. de farine sur le tour, 1 tas de sel, 6 ou 7 jaunes d'œufs, un peu d'eau ; faire la pâte très dure ; les découper en bandelettes ou en losange ; les poser sur un linge fariné, et blanchir à l'eau : l'on fait des plats de cuisine avec et des timbales milanaises. — Les égoutter.

Pâte à frire.

250 gr. de farine dans une terrine ; la détremper avec de l'eau

chaude, sel, sucre 30 gr., 1 moule huile d'olive, un peu de cognac ; pâte un peu molle ; 2 blancs monté. La faire quatre heures à l'avance. L'on s'en sert pour beignets.

CREMES

Crème d'Amandes.

500 gr. d'amandes pilées avec 12 œufs , 1 moule de rhum , puis 500 gr. de beurre et 500 gr. de sucre. Bien la travailler au mortier. L'on garnit les gâteaux d'amandes avec.

Crème d'Amandes fines.

500 gr. d'amandes fraîches, blanchies ; les piler bien fines à l'eau ; puis y ajouter 500 gr. de sucre, du lait et un moule de cognac. Garnir avec.

Crème d'Amandes extra.

250 gr. d'amandes et 250 gr. de sucre ; les piler et passer au tamis. L'on fait une crème avec 250 gr. de sucre, 60 gr. de farine, 1|2 litre de lait, vanille. Quand elle est cuite, l'on y met la poudre d'amandes ; il faut que la crème soit froide avant, l'on garnit avec.

Crème à Tartelette et Frangipane.

250 gr. de farine, 250 gr. de sucre, 8 œufs : travaillez le tout dans une casserole, puis 1|2 litre de lait. Cuire sur le feu. Lorsque c'est bien cuit et démêlé, l'on y ajoute 4 œufs et eau d'oranger. On fonce les tartelettes, on les garnit et on fait une croix dessus, four moyen.

Crème fine à Tartelettes.

250 gr. de sucre Bourbon, 250 gr. de beurre, 1/2 litre d'eau, sel ; faire bouillir le tout sur le feu dans une casserole ; quand ça bout, le détremper avec 375 gr. de gruau, 9 ou 10 œufs ; quand c'est desséché,

eau d'oranger, l'on garnit les tartelettes avec, et on fait une croix dessus en feuilletage, four moyen.

Crème patissière.

500 gr. de farine et 8 œufs dans une casserole, les détremper avec, puis 1 litre et 1/2 de lait, sel. La cuire 20 minutes sur le feu. — Pour farce maigre et gâteau d'amandes.

Crème à Choux.

500 gr. de sucre et 16 jaunes d'œufs dans une casserole avec 60 gr. de farine ; bien la travailler ; après quoi, l'on y met 1 litre 1/2 de lait, 2 gousses de vanille ; la sortir au moment de bouillir.

Crème anglaise et à Charlotte.

500 gr. de sucre, 16 jaunes d'œufs dans une casserole ; bien travailler ; puis 16 moules à baba de lait, 14 feuilles de gélatines, 2 gousses vanille. La sortir du feu au moment de bouillir. — Pour charlotte et bavarois.

Crème à Moka.

500 gr. de sucre, 16 jaunes d'œufs dans une casserole ; bien travailler ; puis l'on y met 1/2 litre de café et 1/2 litre de lait ; la sortir au moment de bouillir ; la faire réfroidir ; puis la travailler, avec 500 gr. de beurre fin, en crème. — Garnir et décorer.

Crème à Saint-Honoré.

C'est la même que celle à choux exactement, seuleument, l'on prend les 16 blancs que l'on mêle avec. Bien ferme.

Crème à Breton.

Mettez 250 gr. de beurre fin dans une terrine, travaillez-la avec du sirop de vanille à la main, cela va mieux qu'à la spatule, puis l'on y ajoute de peu à peu 500 gr. de glace. Lorsqu'elle a beaucoup de corps, l'on garnit et l'on décore avec parfum à volonté.

Crème à Quillet.

1/2 litre de sirop cuit à 28 degrés, le travailler avec 16 jaunes d'œufs, 1 gousse de vanille, 2 moules de sirop d'orgeat, la sortir au moment de bouillir, puis la travailler au moment d'être froide avec 500 gr. de beurre fin en crème, sitôt finie, garnir et décorer, passer à la passoire.

Crème-vanille sèche pour flan et Saint-Honoré.

3 kilos de sucre, 1 kilo de crème de riz, 500 gr. de gruau, 500 gr. de fécule, 25 gr. de sel, 250 gr. de sucre vanillé, une fois mêlée, on la met dans un tiroir ou dans un pot, puis voici ce que l'on fait.

Crème à flan meringué et Saint-Honoré.

500 gr. de composition, 12 jaunes, 2 litres lait bouillant, sitôt cuite, l'on y met 180 gr. de beurre fin et vanille, pour les Saint-Honoré l'on prend 12 blancs bien fermes que l'on mêle avec.

GODIVEAUX ET SAUCES

Godiveau de Paris.

500 gr. de veau épluché, 1 kilo de graisse de bœuf épluchée, bien hacher le tout avec 4 œufs. 30 gr. de sel épicé, une fois haché on le pile bien, puis, le lendemain, on le mouille à la glace, en bien le pilant, on le roule en quenelles et on le poche au four ; 2 fr. la livre. Les plaques en cuivre et très propres, pour vol-au-vent.

Godiveau de Lyon.

250 gr. de chair de brochet épluché, bien le piler au mortier, puis l'on y ajoute 500 gr. graisse de bœuf bien ferme, après ça 3|4 de crème pâtissière (voir crème). 15 gr. sel épicé, le mouiller avec 6 à 7 blancs d'œufs. Il est préférable de le pocher à l'eau, aujourd'hui on le couche à la poche.

Godiveau maigre.

1|4 de merlan épluché, bien le piler, puis y ajouter 1|4 de mie de pain bien pressée, 2 blancs d'œufs et 90 gr. beurre, pincée de sel, les rouler plus grosses et les passer au four.

Assaisonnement.

500 gr. de sel fin, bien le mélanger avec 30 gr. épices fines, pour sauces et viandes.

Caramel.

Faites brûler du sucre, quand il est bien brûlé vous y versez de l'eau dessus en remuant et le laissez bouillir 10 minutes, après cela vous le mettez en bouteille pour colorer les sauces.

Jus à sauce.

Cassez des os de veau, mettez-les dans une marmite avec 3 oignons, 3 carottes, 2 ou 3 couennes, faites roussir le tout avec une poignée de sel, quand c'est bien roussi, mouillez-le, on le laisse bouillir 5 ou 6 heures tout doucement, puis on le passe.

Sauce Espagnole.

500 gr. de beurre dans une casserole, le faire roussir un peu sur le feu, puis y ajouter 1 kilo de farine, en remuant, quand il a une belle couleur brune, on le mouille de peu à peu avec du jus chaud ou froid, 1 pincée de sel épicé, la laisser dépouiller au coin du feu et passer à l'étamine.

Sauce au Blanc.

500 gr. de beurre fin dans une casserole, le faire fondre seulement, puis y ajouter 1 kilo de farine, pas faire roussir, après cela on la mouille avec du bouillon de poulet ou de bœuf, la laisser dépouiller 2 heures et passer à l'étamine, sel épicé.

Sauce Béchamelle.

250 gr. de beurre fin, le faire fondre, puis y ajouter 375 gr. de gruau, on la mouille avec du lait et puis du jus de carcasse de poisson, sel épicé.

Espagnole de Lyon.

C'est la même que celle de Paris, seulement, en faisant le roux, l'on y ajoute des écrevisses, des carottes et des tomates, le tout pilé bien fin, passer à l'étamine.

Pâté de Saumon.

Faites un jus avec des carcasses de brochet ou autre poisson, quand il est fini vous le passez au clair, puis avec ce jus vous faites une panade pas trop dure, y mettre beaucoup de persil haché. Lorsque la panade est froide, vous pesez 500 gr. de brochet, vous le pilez bien fin, puis vous y ajoutez 1 kilo de panade, sel épicé, et 500 gr. de beurre fin, après cela vous garnissez vos pâtés, fond en farce, tranches de saumon dessus et ainsi de suite, persil haché dessus, sitôt cuit et pas trop chaud, l'on y coule dessus du beurre fin en crème. 3 fr. les 500 gr.

Poids des Pâtés.

Pour 1 fr. l'on pèse la croûte 250 gr., pour 1 fr. 50 c., 375 gr., pour 2 fr., 435 gr., pour 3 fr., 625 gr., pour 5 fr., 1 kilo, et ainsi de suite. La viande ne se met pas en si grande quantité. Pour 1 fr. l'on pèse 180 gr., pour 1 fr. 50 c., 250 gr., pour 2 fr., 375 gr., et ainsi de suite. Mettre toujours du jambon. La viande bien assaisonnée.

Bouchées à la Reine.

90 gr. de beurre fin dans une casserole, 125 gr. de farine, faire un blanc, le mouiller avec 1¡2 litre consommé, 1¡2 litre de lait, 60 gr. de poulet coupé en dé, 125 gr. de riz de veau, 125 gr. de champignons, le tout coupé en dé, 125 gr. de beurre fin pour liaison, garnir avec cela.

Bouchées aux Huîtres.

125 gr. de beurre fin dans une casserole, 150 gr. de farine, faire un blanc, le mouiller avec 1¡2 litre de jus d'huîtres et de champignons, 3¡4 de litre de lait. 4 à 5 douzaines d'huîtres, champignons coupés en gros dés, autant que des huîtres. 125 gr. de beurre fin pour liaison. L'on fait de stoutes petites bouchées en feuilletage que l'on garnit avec.

ENTREMETS EXTRA

Le Lacam.

250 gr. d'amandes et 375 gr. de sucre, piler et passer au tamis, le mettre dans une terrine. L'on commence par travailler avec 8 jaunes, puis 4 œufs, de la vanille, 1 moule de noyau et 1 moule d'anisette; quand c'est bien travaillé, l'on y ajoute 180 gr. de crème de riz, 375 gr. beurre fondu, 8 blancs bien fermes. Se dépêcher à les mêler tant que le beurre est tiède. Moule à Solférino, le glacer au noyau et anisette, four moyen. Une moitié de mirabelle sur chaque pointe du moule.

L'Anacréon.

250 gr. d'amandes et 500 gr. de sucre; piler et passer au tamis, travailler dans une terrine avec 10 jaunes et 4 œufs, puis 1 verre de kirsch et vanille. Après cela l'on met 180 gr. de fécule, 250 gr. de beurre fondu, 125 gr. cerises hachées, 10 blancs montés. Moule à Breton. Glacé kirsch. Four moyen.

Le Mexicain.

325 gr. de pignons hachés fins. Travaillez dans un terrine 250 gr. de glace avec 6 blancs d'œufs très peu battus, puis 1 verre de rhum et les pignons. Foncez un cercle à flan en pâte sucrée, abricot au fond, et garnissez. Cuire à four moyen. Le glacer au rhum. Le pignon est très en usage dans le Midi, puis en Espagne.

Le Gibraltar

180 gr. d'amandes fraîches blanchies, bien les piler avec 2 moules d'eau et 1 moule de kirsch. Quand c'est bien pilé, on met les amandes dans une terrine avec 180 gr. de sucre, on les mêle bien, trois gouttes d'essence d'amandes amères, puis l'on y ajoute 16 ou 18 jaunes d'œufs, selon que c'est dur. Cercle à flan foncé en pâte sucrée. Il ne faut pas travailler la pâte. Ce gâteau là est exquis, mais difficile à réussir, il faut un four un peu chaud. L'on fait une glace au kirsch et amandes amères, ou l'on met des pistaches et de l'angélique hachées dedans pour le glacer.

Le François Ier.

500 gr. sucre battu sur le feu avec 16 œufs, puis l'on y ajoute 250 gr. d'amandes pilées au lait, vanille, 375 gr. crème de riz, 250 gr. beurre fondu. Moule génoise. On le fourre avec une crème que voici ; 250 gr. sucre travaillé avec 8 jaunes, 60 gr. farine, puis 60 gr. de pistaches broyées au sirop de vanille, 1⁄2 litre de lait, carmin vert, puis on le glace avec une glace aux pistaches dont voici : 1 kilo de glace, pilez 60 gr. amandes et 60 gr. pistaches avec du sirop de vanille, mouillez la glace et mêlez. Carmin vert. Glacez avec pistaches dessus. Mettre la pâte d'amande dans la glace.

Le Ba-ta-Clan.

250 gr. d'amandes fraîches blanchies, les piler avec 12 œufs comme il faut, puis y ajouter 375 gr. de sucre et vanille au rhum. Bien travailler au mortier 125 gr. farine. Moules plats cannelés. Glacer vanille. Four moyen.

Le Lincoln.

250 gr. d'amandes fraîches pilées avec 2 moules à babas de lait et 4 œufs. mettez 375 gr. de sucre dans une terrine, mêler les amandes avec, puis 60 gr. de beurre fondu, 60 gr. orangeat haché fin, kirsch et vanille. Cercles à flan foncé, glacer vanille. Pistaches hachées fin dessus, four moyen.

Le Vera-Cruz.

500 gr. de sucre et 500 gr. de crème de riz dans un bassin, 12 œufs et 24 jaunes. Battre cette pâte à froid et au fouet, kirsch et vanille, 125 gr. fruits hachés fin, puis 500 gr. de beurre fin fondu. Moule Solférino. Glacer à l'orange. 1 cerise sur chaque pointe. Crème pistache au milieu (Voyez celle du François Ier).

Le Solférino.

Pâte à savarin dans un moule à Solférino. Le sirop au kirsch. Mettre une crème frite en boule sur la surface et abricoter, le tout à l'abricot chaud.

La Louisiane.

500 gr. d'amandes pilées avec 8 œufs et 4 moules de lait, les amandes fraîches ; les mettre dans une terrine et mêler avec 750 gr. de sucre, très peu travailler, kirsch et vanille, 125 gr. beurre à peine fondu, 125 gr. angélique et cédrat hachés, 125 gr. fécule. Bien beurrer un

moule à savarin, mettre des amandes effilées au fond et la pâte dessus, le four un peu chaud. Glacer vanille. mettre un fond.

Le Lauriston.

500 gr. d'amandes, les piler avec 16 œufs, de peu à peu, vanille et rhum ; quand c'est bien pilé, vous y ajoutez 625 gr. de sucre. Bien travailler au mortier. Cercles ou moules génoise foncés, abricot et fruits hachés au fond. Four moyen. Glacer kirsch.

Le Lavallière.

250 gr. d'amandes broyées à l'eau, mettez-les dans une terrine, mêlez-les avec 250 gr. de sucre, détrempez-les avec 4 œufs, puis 2 jus et 2 zestes d'orange, très peu travailler. Cercle à flan foncé, abricot dedans et orangeat haché. Glacer à l'orange. Four moyen.

Le Franklin.

250 gr. d'amandes et 500 gr. de sucre, les piler et passer au tamis. Mettre l'appareil dans une terrine, et vanille, le travailler avec 10 ou 12 blancs d'œufs, que la pâte soit un peu liquide. Cercles à flan foncés, abricot au fond. Glacer vanille. Four moyen.

Le Hongrois.

125 gr. d'amandes broyées avec 2 œufs, travaillez 180 gr. de sucre avec 6 jaunes, puis les amandes et du rhum ; ajoutez-y 125 gr. corinthe et 180 gr. fruits hachés, puis hachez 180 gr. de beurre avec 125 gr. de gruau mêlé, et 6 blancs montés. Moule à gelée. Four doux. Glacer rhum.

Le Prince de Galles.

250 gr. d'amandes pilées avec 4 œufs, anisette et kirsch , mettez 320 gr. de sucre dans une terrine, travaillez avec 9 jaunes, puis les amandes, après quoi vous mettez 320 gr. de beurre fondu, 9 blancs montés. Cercles à flan foncés. Glacer kirsch. Four doux.

Le Constantin.

250 gr. d'amandes pilées avec 4 œufs ; mettre dans une terrine avec 250 gr. de sucre, très peu travailler, en mettant de peu à peu 1 œuf, 20 jaunes et 125 gr. de poudre de noisettes. Kirsch, Glacer kirsch. Cercles foncés. Four moyen.

Le Circassien.

250 gr. d'amandes et 375 gr. de sucre, les piler et passer au tamis, mettre dans une terrine et les travailler avec 10 blancs d'œufs et vanille, puis mêler 60 gr. farine et 60 gr. vanille en poudre, 250 gr. de beurre fondu. Moules plats, cannelés, glacer vanille, four moyen.

Le Victoria.

250 gr. amandes et 320 gr. de sucre, les piller et passer au tamis; mettez dans une terrine, travaillez avec 6 jaunes, 3 œufs vanille, puis mettez 100 gr. fleur de riz, 6 blancs montés. Moule à breton, glacer vanille, four doux, décoré au fruit.

Le Cavour.

180 gr. d'amandes pilées avec 4 œufs et 4 jaunes, 180 gr. de sucre-vanille bien travaillé au mortier, une pincée farine, 4 blancs montés. Moule à génoise, glacer vanille, four moyen.

ENTREMETS FINS

Le Calcutta.

250 gr. d'amandes pilées avec 4 œufs et 2 écorces de citron haché, puis travaillez 375 gr. de sucre dans une terrine avec 12 jaunes et les amandes; vous ajoutez 125 gr. de corinthe, 125 gr. de malaga, 3 écorces d'orangeat haché, 1 verre de rhum, 250 gr. de gruau, 250 gr. beurre fondu, 12 blancs montés. Moule à gorenflot, glacer rhum, four moyen.

La Comète.

250 gr. de noisettes pilées avec 5 œufs ; battez dans une terrine 500 gr. de sucre avec 12 jaunes, mettez-y les noisettes, 1 moule de rhum vanillé, 250 gr. de gruau, 250 gr. de beurre fondu, 12 blancs montés. Moule à étoile, glacer rhum, four moyen, le décorer avec des moitiés de poires confites.

Génoise fine.

500 gr. de sucre battu à froid avec 16 œufs et un moule de kirsch, eau d'oranger autant, 375 gr. farine de riz, 500 gr. de beurre fondu froid. Moule plat, glacer kirsch, le fourrer à la crème ou à l'abricot.

Trois-Frères.

500 gr. de sucre battu sur le feu avec 16 œufs, 500 gr. de gruau, vanille, 375 gr. de beurre fondu. Moule du même nom, abricoter le gateau et mettre des amandes pralinées et angélique hachée, carré dessus, four moyen.

Gazeaula.

60 gr. amandes et 250 gr. de sucre, les piler et passer au tamis ; après cela on travaille cet appareil avec 3 blancs d'œufs dans une terrine et 1 moule de rhum, puis 180 gr. farine et 180 gr. de beurre fondu, 8 blancs montés. Moule à brioche, cannelé ovale, le foncer et garnir ; on le couvre et on le décore à la meringue italienne, four moyen.

Infantes de Bordeaux.

180 gr. d'amandes et 180 gr. de sucre, piler et passer au tamis, puis travaillez 500 gr. de sucre avec 5 œufs, ajoutez y les amandes et 2 moules eau d'oranger, 3 gouttes essence d'amande amère, 180 gr. farine, 125 gr. beurre fondu, 20 blancs d'œufs montés. Moule à brioche foncé, glacer rhum, four doux, décorer avec beaucoup de fruits sur la surface.

Infantes blanches.

500 gr. de beurre, bien le travailler avec 10 blancs d'œufs, pilez 375 gr. d'amandes à l'eau, que vous mêlez, puis 500 gr. de sucre, 2 moules de rhum, 250 gr. de gruau, 10 blancs d'œufs montés. Moule à brioche foncé, four moyen, glacer rhum sur la surface.

Le Frioul.

125 gr. d'amandes pilées avec 3 écorces de citron haché et 4 œufs ; mettez 250 gr. de sucre dans une terrine, que vous travaillez avec 5 jaunes d'œufs, puis les amandes, 250 gr. fécule, 125 gr. beurre fondu, 5 blancs d'œufs montés. Moules génoise foncés, abricot et cédrat haché et fond, four moyen, glacer au citron.

Le Frascati.

25 gr. de sucre battu à froid avec 6 œufs et 4 jaunes, puis 125 gr. de fruits hachés bien fin, vanille, 375 gr. gruau, 375 gr. beurre fondu. Moule à savarin, abricoter et cassonner le tour et le dedans et décorer le dessus aux fruits, four moyen.

Le Toulousain.

Travaillez 250 grammes de sucre avec 5 blancs d'œufs, et 1 moule de rhum, puis mettez y 500 gr. d'amandes et 125 gr. de cédrat, que vous aurez haché bien fin, mêlez bien, mettez dans un cercle à flan foncé, et abricot au fond, four moyen, bien aplanir avec un couteau, glacer rhum.

Le Cardinal.

250 gr. d'amandes et 250 gr. de sucre, les piler et passer au tamis mettre dans une terrine et les travailler avec 5 jaunes et 6 œufs, 125 gr. de cerises entières, vanille, 5 blancs montés, 125 gr. beurre fondu. Moule génoise, glacer d'un violet à l'orange.

L'Hortensia.

500 gr. de sucre battu à froid avec 14 œufs, vanille, 375 gr. farine, 500 gr. beurre fondu. Moule à génoise, poudré avec des amandes hachées fines, four moyen. En sortant du four, l'on fait un pralin très-fin, que l'on parfume à l'anisette ; on les praline au-dessus et autour, puis, une fois la couleur voulu, l'on fait des losanges avec de la glace royale et on garnit l'intérieur de ces losanges avec de l'abricot et de la gelée de groseille, l'un entre l'autre.

Le Fondant.

500 gr. de sucre battu sur le feu avec 12 œufs, puis l'on ajoute 180 gr. d'amandes pilées au lait, de l'orangeat haché, kirsch, 375 gr. fa-

rine mélangée, 375 gr. de beurre fondu, four doux. Moule à sicilien, gros sucre autour et décoré aux fruits.

Le Sicilien.

500 gr. de sucre battu avec 8 œufs et 8 jaunes à froid, 4 gouttes d'amandes amères, 250 gr. de gruau, 1 moule de kirsch et marasquin, 500 gr. de beurre fondu, froid. Moule à Sicilien, le glacer au marasquin.

Le Monte-Christo.

180 gr. de sucre battu sur le feu avec 6 œufs, puis 125 gr. d'amandes, que vous avez pilé avec 2 œufs, et 1 moule de rhum, 125 gr. de fécule, 180 gr. de beurre fondu. Moule à brioche foncé, abricot et fruits hachés au fond, four moyen, glacer rhum et décorer aux mirabelles, le glacer sur la surface.

Le Nelson.

500 gr. d'amandes pilées avec 16 œufs, 500 gr. de sucre, rhum, vanille. Bien travailler au mortier, que cela mousse. Cercles à flan foncés. — Four moyen. — Lorsqu'ils sont cuits : l'on fait une robe en meringue tout autour et sur la circonférence ; 2 centim. de large et 4 de haut ; l'on met des moitiés d'amandes dessus ; on le sucre bien, et on le passe à l'allume ; puis on l'abricote sur la surface, et on le glace au rhum. Décorer aux fruits dans l'intérieur de la meringue.

Le Vésuve.

250 gr. de sucre, battu avec 8 jaunes et 6 œufs à froid ; 60 gr. de noisettes pilées au lait vanillé ; puis l'on hache ; 125 gr. de beurre avec 125 gr. de farine de maïs. Mêlez comme la génoise. Four moyen ; moule à trois-frères. Siropez et glacez vanille. On y fait un fond en pâte sucrée ; puis l'on y met une grande poire mince en meringue italienne, que l'on glace orange. La poire dans le creux.

Le Financier.

125 gr. d'amandes, 250 gr. de sucre ; les piler et passer au tamis ; mettre cela dans une terrine ; le travailler avec 6 blancs d'œufs, et de la vanille, puis 125 gr. de fécule et 125 gr. de beurre fondu, moule plat cannelé, glacer vanille, four un peu chaud.

Le Potomac.

250 gr. d'amandes fraîches pilées avec 6 blancs d'œufs, vanille, puis
500 gr. de sucre; bien travailler au mortier ; après cela, l'on y ajoute
100 gr. de cédrat haché fin ; l'on beurre un papier rond, que l'on met
dans un moule à génoise; l'on couche sa pâte dessus, pas épaisse; four
doux. — Glacer vanille et pistaches hachées.

Le Magnolia.

500 gr. de sucre battu à froid avec 16 œufs et 1 moule d'esprit de
framboise, 500 gr. de beurre fondu, 375 gr. de gruau. Moule à génoise. Une fois cuit, on le fend, et on le fourre avec de la confiture fram-
boisée ; puis on le masque à la meringue italienne tout autour et petit
sucre dessus. L'on fait des tirebouchons rouges tout autour et on le
glace à la framboise sur la surface.

Le Brestois.

500 gr. de sucre battu, sur le feu, avec 12 œufs ; y ajouter 125 gr.
d'amandes. que vous avez pilées avec 3 œufs ; puis 3 cuillerées curaçao, 7 gouttes essence citron et 7 gouttes d'amande amère ; 375 gr. farine mélangée, et 375 gr. beurre fondu. Moule à brioche. Pour le masquer, l'on met dans l'abricot 5 gouttes essence citron, 2 gouttes amande
amère. Pour la glace : 5 gouttes citron, une cuillerée et demie curaçao.
On l'enveloppe de papier d'étain.

Le Voltaire.

Faire deux abbesses (en rognures de feuilletage) rondes; en faire
une de la même grandeur en pâte à macaron. Une fois cuite, l'on colle
la tranche de macaron avec de l'abricot au milieu des deux ; puis on le
masque partout à l'abricot, et glacer vanille.

Le Martinique.

250 gr. d'amandes pilées avec 4 œufs et du café, puis y ajouter 200
gr. de beurre et 250 gr. de sucre; pâte un peu molle; cercle foncé.
Bien travailler au mortier ; glacer café ; four moyen.

Le Norvégien.

250 gr. de sucre battu avec 8 œufs sur le feu, puis 125 gr. de
noisettes pilées, avec 3 œufs que l'on fouette avec 180 gr. de farine,

180 gr. de beurre fondu, vanille ; moule génoise ; four moyen. Pour le glacer : l'on pile 250 gr. noisettes grillées, avec 500 gr. de glace ; l'on passe au tamis ordinaire, puis l'on mouille sa glace avec très-peu d'eau et du rhum. Ce gâteau est exquis.

Le Richebourg.

250 gr. d'amandes pilées avec 10 blancs d'œufs, puis 750 gr. de sucre ; bien travailler à la terrine ; 180 g. de beurre fondu, kirsch, vanille et angélique achée. Cercle à flan, foncé et abricoté. Glacer vanille. Four moyen.

Le Jamaïque.

250 gr. d'amandes pilées, avec 4 œufs et un moule de rhum, puis 200 gr. de beurre, le piler avec, puis 250 gr. de sucre ; bien le travailler au mortier. Cercles foncés, four moyen, glacer rhum.

Le Prince Jérôme.

Faites une meringue à 14 blancs et 500 gr. de sucre. Lorsqu'elle est faite, l'on délaie 14 jaunes avec 250 gr. de crème de riz, kirsch et vanille dans une terrine, et puis l'on y ajoute le meringuage de peu à peu ; Moule à génoise, foncé en papier ; four très-doux. Glacer vanille.

Gateau Duchesse.

500 gr. d'amandes broyées, avec 8 œufs ; 500 gr. de sucre dans une terrine ; le travailler avec 12 jaunes ; puis les amandes et 100 gr. de cédrat hachés, 1 moule de marasquin, 125 gr. de farine, 12 blancs montés. Moules à gelée, siroper et glacer marasquin. Four doux.

Le Carignan.

375 gr. de sucre travaillé avec 12 jaunes dans une terrine, puis 125 gr. noisettes pilées, avec 3 œufs, 100 gr. orangeat hachée, 250 gr. de farine de maïs, 250 gr. de beurre fondu, 12 blancs montés. Siroper au kirsch et glacer au kirsch. Moule à croix. — Palmettes. — Four moyen.

Le Montalembert.

250 gr. d'amandes pilées, avec 8 œufs, 250 gr. de sucre ; bien le

travailler au mortier, 125 gr. fruits hachés très-fin. Vanille. Moule à brioche, foncé abricot au fond. Lorsque les gâteaux sont cuits, l'on fait une poire au milieu en meringue italienne et une queue en angélique ; des petites boules autour et on glace le tout à l'orange. — Four moyen.

Le Mont-Blanc.

180 gr. de sucre battu à froid avec 6 œufs, 125 gr. d'amandes pilées avec 4 œufs que l'on met avec, puis 1 verre d'anisette, 125 gr. de farine, 180 gr. de beurre fondu. Moule à brioche foncé, cédrat et crème d'amandes au fond. Four moyen. Quand il est cuit, l'on fait des points ronds, sur chaque colonne, en meringue italienne, et des virgules entre chaque rond. L'on ne glace que la surface avec une glace au kirsch, et prune au milieu.

Le Plantagenet.

500 gr. d'amandes et 300 gr. de sucre, les piler et passer au tamis, travailler avec 6 jaunes et 2 œufs, vanille, 100 gr. fleur de riz, 60 gr. de beurre fondu, 6 blancs montés. Moule à gelée pointu, four doux, le coller sur un fond plein, puis l'on fait cuire du bel abricot, on le masque bien, et on le décore avec des moitiés d'amandes et de la gelée rouge. L'intérieur se garnit à la crème Chantilly, si l'on veut.

Le Réal.

250 gr. d'amandes fraîches pilées avec 60 gr. de sucre, 1 moule à baba de kirsch et 1 moule d'anisette. Mettez 450 gr. de sucre dans une terrine, travaillez avec 10 jaunes, puis les amandes. 10 blancs montés. Moules génoise foncés. Les poudrer une fois garnis, four doux et un peu ouvert.

Le Florentin.

500 gr. d'amandes fraîches, les piler avec 60 gr. de sucre, 1 moule à baba de kirsch et 1 d'anisette. Mettez 450 gr. de sucre dans une terrine, travaillez-le avec 10 jaunes, puis les amandes, après ça mettez-y 180 gr. de fécule et 180 gr. de beurre fondu, 10 blancs montés, four moyen. Moule à Solférino, glacé anisette, four moyen.

Le Géranium.

400 gr. d'amandes, pilées avec 4 œufs et 4 jaunes, puis vous tra-

vaillez 500 gr. de sucre avec 16 jaunes, vanille et les amandes, 100 gr. de fécule et 16 blancs montés. Moules génoise, four doux. Glacez vanille.

Le Pompadour.

Faites une bonne génoise, coupez-là en trois tranches, moule rond, plat, mettez-y une couche d'abricot et une couche de groseille, recollez-les, puis vous coulez dessus un bon pralin un peu mou, parfumé à l'anisette. Vous décorez le gâteau avec des fruits sur le pralin, puis vous le passez 10 minutes à four ouvert, jusqu'à que ce soit couleur citron ; four doux.

ENTREMETS CHAUDS

Brioche.

l y a la brioche à tête et la couronne, que la pâte soit bien rompue, avoir soin de ne pas trop la cuire. Servir chaud. (Voir pâte à brioche, 2 fr. la livre.)

Brioche Mousseline.

La mousseline se cuit dans un moule à charlotte, on la fait lever une heure sur le four, on la dore, on la coupe en quatre. Cuire à four moyen, 2 fr. la livre. (Voir pâte à brioche.)

Baba.

Le baba se cuit dans un moule à douille, forme bavarois ; on le fait lever et on le cuit à four un peu chaud ; sitôt cuit, on le sirope, on le glace au rhum, si l'on veut. (Voir baba et sirop, 2 fr. le 1/2 k. de pâte.)

Savarin.

Le savarin se moule dans un moule uni et rond creux. Pour 2 fr., l'on pèse 500 gr. de pâte, l'on met des amandes hachées au fond du moule. Le faire lever et le siroper sitôt cuit. (Voir savarin et sirop, four chaud.)

Montmorency.

Mouler un savarin dans un moule à genoise, mettre des cerises dedans ; la pâte sitôt levée, le cuire, et puis le siroper au sirop de cerises. On le glace au sirop de cerises ; four moyen.

Plomb.

Le plomb est le gâteau de soirée le plus riche, plus il est épais, meilleur il est. On le cuit dans un cercle à flan et on le raye en rosace, à 2 fr. les 500 gr. Le servir chaud. (Voir pâte à plomb.)

Le Compiègne.

500 gr. de farine, faire le levain à la levure avec 125 gr. de la farine. Pendant qu'il lève, l'on pétrit la pâte avec 3 œufs, 15 jaunes, 100 gr. de sucre, sel. Puis après, l'on met 500 gr. de beurre et le levain. Ne pas faire la pâte si molle que le savarin. Moule à biscuit de Savoie, lever et cuire à four moyen. Servir chaud. Il y en a qui le siropent vanille et qui le glacent idem.

Le Munik.

Pâte à baba, sans raisin, le moule à baba bien bourré et poudré avec des amandes hachées fines, puis ayez du sirop à 30 degrés, mettez-y 1 verre de noyau, 1 verre de curaçao, 125 gr. de beurre fin fondu, trempez-le dedans et servez chaud. Il faut le tremper tout chaud dans le sirop au beurre.

Le Kougleaupb.

1 kil. de farine, dont 250 gr. pour le levain, pétrir la pâte avec 12 œufs, 150 gr. de sucre, sel, 2 tas, un peu de lait ; on le fait lever et

on le rompt. Moules à brioches, petites cannelures. En les moulant, l'on met 3 grains de malaga dans chaque moule. Cuire à four chaud, une fois levés.

La Mazarine.

Pâte à savarin un peu dure dans un moule à charlotte, mettre à lever et cuire ; sitôt cuit, on le coupe en 4 tranches, l'on y met une couche d'abricot et une couche de fruits hachés, et ainsi de suite. Siroper vanille ; glacer vanille, servir chaud.

L'Abricotine.

Pâte à savarin dans un moule à brioche, l'on met dans la pâte des quartiers d'abricots confits, puis une fois levés et cuits, on les sirope au noyau et glacer id. Il y en a qui les font au moule à charlotte.

Le Solilème.

Pâte à savarin dans un moule à biscuit de Savoie, le faire lever et le cuire ; en sortant du four, on enlève la superficie en creusant et l'on y coule de 100 à 150 gr. beurre fin salé fondu. Servir chaud, le recouvrir.

Soufié.

C'est de la pâte à choux un peu dure, en jeter des toutes petites boules dans la friture, puis une fois cuite les poudrer en les tenant au chaud. Son nom vulgaire est pet de nonne, 1 fr. la douzaine.

Charlotte Polonaise.

Beurrez un moule à charlotte, faites une robe autour en pâte à brioche. Mettez 2 bonnes cuillerées d'abricots et des fruits hachés au kirsch dans l'intérieur, recouvrez de pâte, puis faites lever et cuisez-la. La siroper avec précaution à la vanille et la glacer vanille. On la sirope au pinceau. Servir chaud.

Plum-pudding Français.

250 gr. farine, 250 gr. de sucre, 125 gr. écorce de citron, 125 gr. raisin de Corinthe, 125 gr. de Malaga, 180 gr. suif de rognon de bœuf, hacher tous ces ingrédiens finement, un peu de marmelade de pomme, 1 verre de rhum, 3 œufs, bien mêler le tout ; mettez un peu de lait ; le cuire dans un moule à gelée, entortillé d'un linge, 3 heures au bain-

marie. En le servant, l'on verse de la glace dessus et autour, puis après du rhum, et l'on y met le feu. Cette dose se vend et garnit un moule de 6 à 7 fr. On peut le servir avec sauce.

Plum-pudding Anglais.

375 gr. suif de rognon de bœuf haché, 125 gr. de moelle de bœuf hachée, 180 g. sucre, 150 gr. farine, 5 œufs entiers, 1 moule de lait, 2 moules de cognac, 1/2 noix muscade râpée, sel, 60 gr. de cédrat haché, 200 gr. corinthe et 200 gr. smyrne. 3 pommes reinettes hachées, une cuillerée d'abricot; bien hacher les ingrédiens et mêler le tout, le cuire au bain-marie dans un moule où dans un linge pendant 3 heures. Il se sert avec une sauce dont voici : 125 gr. sucre délayé avec 3 jaunes, puis 125 gr. beurre fin, 1/2 litre de Madère. L'on verse la sauce toute chaude dessus. Il ne faut pas la faire bouillir. Cela rapporte 10 à 12 fr. Servir bien chaud.

Plum-pudding-Cabinet.

Moule à charlotte que vous beurrez avec un papier au fond. Vous décorez le fond avec des fruits et des biscuits cuillère, et faites le tour avec des biscuits comme une charlotte, puis faites une crème avec 3 moules de sucre, 3 œufs et 4 jaunes, vanille; bien travailler, puis l'on y verse en fouettant 9 moules de lait bouillant; remplir votre moule et cuisez au bain-marie; feu dessus et dessous; l'on met un rond de papier dessus. En le servant, l'on y verse dessus une sauce comme pour le pudding anglais. — Cette dose en rapporte 2 à 5 fr. chaque. — On en fait au chocolat et au café. Le servir bien chaud et le renverser.

Le Bordelais ou Gâteau des Rois de Bordeaux.

2 kilos de farine, faire le levain avec 500 gr. de la dose, 500 gr. de sucre, 500 gr. de beurre, 20 œufs, du lait, du sel, 2 zestes citron ; l'on pétrit bien la pâte, puis après l'on y met le sucre, le beurre et le levain. La faire à midi pour le lendemain; rompre deus fois. On les dresse en boule, l'on y donne un coup de poing dans le milieu, puis on les fait lever ; après cela on les dore et l'on y jette du gros sucre et des tranches de cédrat dessus. Cuire à four chaud. On les dresse en couronne si l'on veut sur plaque ou sur papier. On les fend avant de les dorer, et l'on met du casson dans la fente.

Timbale Macaroni parisienne.

Foncez un moule à charlotte, avant beurrez-le et décorez-le avec de la pâte à nouille, puis garnissez-le de noyau et cuisez-le. Pendant ce temps, vous mettez 3 litres d'eau à bouillir. Quand cela bout, l'on y jette 500 gr. de macaroni et du sel. Une fois cuit, on l'égoutte, puis l'on y jette, avec 375 gr. de gruyère et 125 gr. de parmesan râpé, 250 gr. de beurre fin, 125 gr. champignon en dé, 125 gr. jambon en dé et des truffes. Garnir au moment et servir bouillant. Cette dose peut aller pour 3 timbales de 5 fr. Que le macaroni soit bien cuit et assaisonné.

Timbale Milanaise.

Beurrez et décorez un moule à charlotte avec de la pâte à nouille. Foncez-le en pâte à foncer, garnissez-le de noyau et cuisez-le. Découpez en bandelette 500 gr. de pâte à nouille ; blanchissez-la et égouttez-la, puis vous y mettez 375 gr. de gruyère râpé, 250 gr. de beurre fin, 125 gr. riz de veau, des champignons coupés en dé, 125 gr. 1/2 muscade râpée, des truffes et beaucoup de tomates. Bien l'assaisonner ; la garnir au moment et servir bien chaud. On fait sauter tout cela sur le feu en le mêlant.

Charlotte de Pomme.

Moule à charlotte bien beurré ; préparez ensuite des petites tranches de mie de pain, les faire égales ; on les trempe dans du beurre tiède, puis on monte les tranches en les supperposant les unes sur les autres ; puis on garnit son moule avec de la bonne marmelade reinette au citron et un peu d'abricot. Bien remplir, couper ce qui dépasse et cuire à four chaud. La servir très chaude. Les pommes sautées au beurre fin.

Tourte à la Moelle.

Foncez et bandez votre tourte comme une tourte frangipane, puis vous faites fondre et cuire 125 gr. de moelle de bœuf à la noisette ; passez-la finement, puis vous la versez sur un peu de frangipane que vous aurez préparée. Mêlez et garnissez. Fleuron dessus, four chaud, et servir chaud.

Pomme au Riz.

Foncez un cercle à flan, garnissez-le avec de la bonne pomme, des raisins et de l'orangeat haché au rhum. Couvrez-le d'une couche de riz, cuisez; une fois cuit, on le meringue et on le décore. Servir très chaud.

Gâteau de Riz.

Moule à charlotte foncé en pâte à foncer. Prenez 500 gr. de riz crev et froid. Ecrasez-le, mettez-y 4 œufs, de peu à peu, vanille, 180 gr. de sucre, bien le travailler avant de garnir; four chaud. Servir chaud avec une sauce vanille si l'on veut. (Voir sauce Plum-pudding anglais.)

Riz.

500 gr. riz nettoyé et lavé, 2 litres 1/2 de lait, y faire prendre le bouil sur le feu, achever de le cuire au four, y mettre 125 gr. de beurre en le débarrassant. Bien le beurrer dessus pour qu'il ne sèche pas; l'on s'en sert à mesure.

ENTREMETS FRAPPÉS ET GLACÉS

Le Parfait.

250 gr. de sucre travaillé avec 6 jaunes d'œufs, puis y ajouter 1[2 litre de lait et 1[2 litre de bon café, le mettre sur le feu en remuant. On l'enlève au moment de bouillir. Bien sangler la sorbetière et verser dedans, frapper. Lorsque c'est à moitié frappé, l'on y ajoute un moule de curaçao et un moule aux 3[4 de rhum, on l'achève de frapper. Garnir un moule uni et bien le sangler. Se méfier du sel en le découvrant. Le servir juste au moment sur une serviette doublée.

Le Mousse-Café ou Café Glacé.

500 gr. de sucre en pain, que l'on met fondre avec un litre de lait à froid, puis mettez-y du café, 1[4 de litre pour le colorer et lui donner du goût. Frappez à la sorbetière. Lorsque c'est presque frappé, l'on y y ajoute un litre de crème fouettée, l'on redonne quelques coups de houlette en tournant, et puis l'on sangle. Le mousse-café se sert dans des tasses. L'on en fait aussi au chocolat.

Charlotte-Plombière.

La charlotte-plombière se fait comme la russe. On glace les biscuits roses et blancs, et on les colle au sucre cuit ou cassé. L'on fait un fond en pâte sucrée, que l'on décore aux fruits. Garnir la charlotte, au moment de la servir d'une bonne crème-vanille frappée.

Le Diplomate.

Pour faire le diplomate, il faut faire une pâte d'amande que voici. Ecrasez 125 gr. d'amandes bien fines, mettez-les dans une terrine avec

125 gr. de sucre et 60 gr. farine, puis 2 œufs. Que la pâte soit un peu molle. L'on coule cet appareil le long d'une plaque beurrée à 20 centimètres de largeur, cuire à four chaud. Sitôt cuit, on la tortille autour d'un moule à charlotte. L'on y colle un fond au sucre cuit, ainsi qu'autour, puis on panache tout autour. Le garnir, au moment de servir, d'une bonne crème-plombière frappée aux fruits. Le panaché est avec des pistaches, raisins, amandes et casson.

La Dame blanche.

Emondez 200 gr. belles amandes, pilez-les avec 1 litre d'eau, passez-les à l'étamine sur 500 gr. de sucre pour faire un sirop à 20 degrés, 2 verres de kirsch, frappez à la glace. Ceci fait, sanglez un moule à plombière, mettez au fond une couche de votre appareil et une couche de fruits conservés imbibés au kirsch, et ainsi de suite ; que la dernière couche soit de glace, servez comme un fromage.

Plombière fine.

500 gr. d'amandes fraîches, pilées avec une partie du lait de votre appareil, qui se trouve d'être 1 litre 1|2, puis blanchissez 375 gr. de sucre avec 9 jaunes et le reste du lait, 1 gousse vanille et du thé. Le sirop d'amandes passé dessus, frappez en le moulant ; l'on met une couche de crème et une couche de fruits hachés au kirsch. Il y en a qui mêlent les fruits entièrement. Passer à l'étamine. — Moule bien sanglé et couvert de glace. On sort la crème au moment de bouillir.

Plombière ordinaire.

250 gr. de sucre travaillé avec 6 jaunes, 1 gousse de vanille, puis y ajouter 1 litre de lait bouillant, 1 pincée de thé, passez à l'étamine , moule sanglé. L'on met une couche de crème au fond et une couche de fruits hachés au kirsch, et ainsi de suite. Servir comme les autres. L'on mélange les fruits, si l'on veut, en frappant. Sortir la crème au moment de bouillir.

La Bombe.

Prenez un sirop à 20 degrés, parfumez-le selon la demandé, frappez-le, vous faites une robe autour du moule avec votre appareil, puis vous y coulez dedans une bonne crème vanille froide, où vous aurez ajouté autant de crème fouettée ; bien le sangler.

Fromages.

L'on désigne, sous le nom de fromages, tous les entremets frappés, où il n'entre aucune sorte de fruits, ni d'amandes. L'on en excepte la bombe, la plombière, le parfait, la dame blanche, le mousse-café et chocolat, etc. Le fromage se fait à tous les parfums voulus, et se sert toujours moules unis.

La Bombe impératrice.

Faites crever 60 gr. de riz dans un 1|2 litre d'eau ; sitôt crevé, aites-le égoutter, et cuisez-le bien tendre dans 1 litre de lait ; sitôt cuit, passez-le dans un tamis avec pression. Alors, vous travaillez 300 gr. de sucre avec 8 jaunes, 1 gousse vanille, 1/2 zeste citron, et votre riz passé, prenez sur le feu, pas si fort que pour la vanille. Quand c'est froid, vous y ajoutez un grand bol de crème fouettée ; mais, avant de mettre la crème, il faut fouetter l'appareil avec un fouet en osier un quart d'heure. Sanglez votre moule à bombe cannelé, faites-lui une robe autour, de 1 centimètre 1|2 de glace, selon le parfum, et coulez votre appareil dedans, avec des tranches minces d'ananas imbibés au kirsch. Sanglez-le bien dur.

Plombière impériale.

Prenez 300 gr. d'amandes douces et 12 noyaux d'abricot, émondez le tout et lavez-les bien. Après cela, vous les broyez très-fines avec 1|2 litre de lait. Faites ensuite bouillir 1 litre de lait, moitié crème, jetez-y vos amandes dedans et 3 feuilles de laurier au moment qu'il monte, puis vous travaillez 375 gr. de sucre avec 9 jaunes d'œufs, vanille en poudre, 5 grammes fleur d'oranger pralinée, une pincée de thé. Quand c'est bien blanchi, vous passez votre infusion d'amandes sur l'appareil avec un tamis, mettez sur le feu. Sortir au moment de bouillir, repasser au tamis et mettre dans une soupière ; frappez. Lorsque votre glace est finie, vous mettez un papier autour de votre moule uni, puis vous mettez une couche de crème, une couche de fruits imbibés au kirsch, et ainsi de suite. Servez comme un fromage. Que la dernière couche soit de la crème.

Sorbets.

2 litres sirop à 18 degrés, avec 2 zestes citron, 1|2 zeste d'orange et

du thé, passez au tamis et frappez. Lorsque c'est frappé aux trois quarts, vous y ajoutez 3 blancs pris et sucrés. Sanglez votre sorbetière, puis, en les servant, l'on met le sorbet sur 1 tiers de verre de la liqueur demandée. Les principaux parfums sont : kirsch, marasquin et rhum. Servir verres à pieds.

Sorbets extra-fins.

2 litres de sirop à 20 degrés. Mettez-y à infuser le zest de 6 citrons, celui de 2 oranges et 5 gr. de bon thé, passez-le une fois infusé, frappez votre appareil aux 3|4 pris, ajoutez-y cinq blancs d'œufs en neige et sucrés, travaillez à la houlette pour le rendre mousseux. Parfum au moment de servir.

Sorbetière à la Vanille.

Voici de quoi se compose une sorbetière vanille ou autre parfum. Prenez 750 gr. de sucre, travaillez-le avec 18 jaunes, 2 gousses vanille, 3 litres de lait. Le sortir au moment de bouillir, le passer et frapper à la glace. C'est la composition vanille. Bien remuer à la houlette.

Composition d'une Sorbetière Chocolat.

750 gr. de sucre travaillé avec 18 jaunes, 2 gousses vanille et 3 litres de lait, faire fondre 250 gr. de chocolat avec 1/2 litre de lait, mêler le tout, sitôt que cela est prêt à bouillir, le passer au tamis et frapper.

Sorbetière Pistache.

750 gr. de sucre travaillé avec 18 jaunes, 2 gousses vanille et 3 litres de lait, carmin vert, l'on pile 125 gr. d'amandes et 125 gr. de pistaches finement au lait, et on passe à l'étamine sur l'appareil, ou bien l'on met le tout sur le feu et on le passe après, frapper.

Sorbetière Café.

750 gr. de sucre travaillé avec 18 jaunes, 1 litre de bon café, 2 litres de lait. Bien travailler. Mettre sur le feu et passer au tamis, frapper.

Sorbetière de glace à l'Orange.

4 litres de sirop à 20 degrés, le zeste de 8 belles oranges et le jus. 10 gr. acide citrique. Carmin orange et frapper.

Sorbetière de glace au Citron.

4 litres de sirop à 20 degrés, y faire infuser le zeste de 12 citrons et 10 gr. de thé. Couleur jaune et frapper.

Glaces aux Fruits.

L'hiver, à 22 degrés; l'été, à 20 degrés. L'on met 1 litre d'eau, 1 litre 1[2 de jus conservé, 1 kilo 250 gr. de sucre. Quand c'est fondu, l'on colore selon le parfum et l'on frappe. L'on peut y ajouter de la crème, cela les rend meilleures.

Sirop pour les Glaces.

Tous les sirops se font à 500 gr. de sucre et 1 litre d'eau à froid, et produisent 20 degrés. Parfum en plus aux esprits.

Glaces aux Fruits riches.

Les glaces aux esprits de fraises, d'abricots, d'alberges, de pêches sont ce qu'il y a de plus recherché. Les glaces au jus de framboises, de cerises, ne sont pas si fines en goût, l'esprit est préférable.

Punch au Rhum.

50 litres sucre clarifié, cuit au fort boulet, y mettre en le cuisant le zeste de 20 oranges et celui de 20 citrons, faire une infusion de 125 gr. de thé dans 4 litres d'eau, vous décuisez votre sucre en y ajoutant le jus de vos oranges et citrons et l'infusion de thé, cela met le sucre à 30 degrés, puis l'on y ajoute 10 litres de bon rhum et filtrez vivement au papier Joseph, pour qu'il ne s'évapore pas. A cet effet, l'on fouette le papier avec le rhum, bouché hermétiquement.

Punch froid.

1 kil. de sucre, 2 litres d'eau, 3 citrons et 3 oranges, retirer les pépins. Quand c'est infusé, on le passe, puis l'on y ajoute 1[2 litre de rhum, 1[4 de litre de cognac, l'on filtre et l'on met en bouteille. L'on en fait au kirsch, en remplaçant le rhum par du kirsch, bien boucher.

Punch chaud.

2 litres de rhum, 1 litre d'esprit de vin, 6 litres de sirop à 36 degrés, le cuire avec le zeste de 6 citrons, 100 gr. de thé infusé dans 1 litre d'eau, mettre le rhum et l'esprit-de-vin, le filtrer et mettre en bouteille, boucher vivement.

Limonade Gazeuse.

Pour 1 litre 1[2 d'eau, 1[2 zeste de citron infusé pendant 10 minutes, l'ôter ensuite de l'eau et y ajouter 70 gr. de sucre, passer le tout et remplir 2 bouteilles jusqu'au goulot, y mettre ensuite 1 gros d'acide tartrique et 1 gros d'acide, dit carbonate de soude, boucher et ficeler vivement, coucher les bouteilles. L'on ne s'en sert que 24 heures après, les mettre au frais.

Glace artificielle.

Mélangez avec un peu d'eau 200 gr. de sulfate de soude pulvérisé, avec 160 gr. d'acide sulfurique pulvérisé.

Glacière.

Pour qu'une glacière soit bonne, il faut qu'elle ait de 12 à 15 mètres de profondeur, faire le milieu en dos d'âne, puits perdu autour et une bonne couche de paille autour contre les murs, bien la remplir de glace et la piler, plus elle est ensachée mieux ça vaut ; on la couvre de paille, l'on tâche qu'il y ait deux portes, de manière à fermer la première pour ouvrir l'autre ; que les portes soient tournées au nord, l'air fait fondre la glace. Echelle en fer pour y descendre. Ouvrir les portes très peu.

ENTREMETS GELÉS ET FROIDS

Gelée au Kirsch.

1 litre d'eau, 500 gr. de sucre, 70 gr. de gélatine fine fondue à froid, cuisez le tout au petit filet avec 2 zestes de citron, clarifiez-la avec 2 blancs pris, fouettez-la, laissez-la dépouiller sur le coin du fourneau, puis vous la passez à la serviette. Quand elle est passée, vous y ajoutez

2 moules à baba de kirsch, vous sanglez un moule à gelée dans une terrine, vous mettez des cerises conservées dans chaque trou, puis une couche de gelée et des fruits dessus, et ainsi de suite, jusqu'à ce qu'il soit plein, couvert et entouré de glaces. Le garnir à mesure qu'il gèle. Le couvrir avec une tourtière chargée de glace.

Gelée à l'Orange.

1 litre d'eau, 500 gr. de sucre, 4 gr. d'acide citrique, les zestes de 6 belles oranges, 70 gr. de gélatine fondue dans l'eau froide, cuisez le tout au petit filet, puis vous clarifiez avec deux blancs, fouettez et laissez dépouiller sur le coin du fourneau, carmin orange. Passez à la serviette, sanglez votre moule, vous la décorez avec des fruits dans l'intérieur comme la gelée ordinaire. L'on met le jus des oranges à la fin.

Gelée d'Orange anglaise.

Creusez plusieurs oranges, extrayez-en le jus en sortant la peau et les pépins, pesez-le, puis vous mettez autant de glace de sucre qu'il y a de jus. Mêlez-là et mettez au frais, ça se gèle tout seul sur une assiette.

Gelées en général.

Les gelées se font toutes pareilles, c'est un grand soin à avoir pour les avoir claires ; le principal, c'est de bien les faire dépouiller sans bouillir et de les filtrer à la serviette neuve. L'on ne fait que des gelées au kirsch, marasquin, rhum, orange et madère. Les autres parfums n'ont pas assez de force pour donner un goût fin.

Le Ministériel.

Huilez un moule à gelée, sanglez-le à la glace, une cerise conservée dans chaque trou de côte, puis une petite couche de crème à bavarois vanillée ; placez sur cette couche des fruits confits, coupés et imbibés au kirsch, puis de la crème, et ainsi de suite couvrez avec une tourtière et de la glace.

Blanc-Manger.

250 gr. d'amandes pilées à l'eau, 250 gr. de sucre en poudre délayé avec 2 jaunes d'œufs, 5 feuilles gélatine fondue dans un peu d'eau. L'on presse le lait d'amandes sur le sucre, l'on y met la gélatine, de la

vanille, puis 2 blancs d'œufs montés, et autant de crème fouettée ; une fois ceci mêlé, sanglez un moule à gelée, décorez le fond un peu avec des fruits , que votre moule soit huilé, puis vous le garnissez et couvrez de glace-fruits dans le fond ; faire le tout à froid, entourer et couvrir de glace.

Bavarois Café.

125 gr. de sucre travaillé avec 4 jaunes d'œufs, 4 moules à Baba de café, 3 feuilles de gélatine ; remuez sur le feu, sortir au moment de bouillir ; quand c'est froid, l'on y ajoute de la crème fouettée, l'on moule vivement dans un moule à baba huilé, et l'on serre le moule dans la glace. Couvrir de glace.

Bavarois vanille et chocolat.

125 gr. de sucre travaillé avec 4 jaunes d'œufs, 4 moules à baba de lait, 1 gousse de vanille, 3 feuilles de gélatine ; quand c'est froid, l'on y met la crème fouettée qu'il faut, et l'on moule comme le précédent. Pour le chocolat, c'est la même chose, seulement l'on met 30 gr. de bon chocolat fondu dans un peu d'eau et 2 feuilles de gélatine au lieu de 3, sanglé à la glace.

Bavarois délicat.

125 gr. de sirop à 30 degrés, y ajouter 3 feuilles de gélatine fondue dans de l'eau et une gousse de vanille, faire prendre un bouil ; quand c'est froid, l'on y ajoute la crème fouettée qu'il faut ; il faut passer le sirop au tamis ; l'on sangle le moule et on le garnit, il est très-blanc et délicat.

Charlotte Russe.

Moule à charlotte, le foncer d'un papier, le garnir autour avec des biscuits à la cuillère bien serrés et la garnir d'une crème vanillée (Voir crème à Charlotte) ; on la tient dans la glace sitôt garnie ; faire un fond décoré pour mettre dessus. L'on en fait au chocolat et au café.

Pudding-Crème.

Même appareil que le bavarois et moule à babas. L'on mélange des fruits hachés au kirsch en mêlant la crème fouettée, et on le garnit avec; le serrer dur à la glace. L'on met une mirabelle dans le fond de chaque côte.

Pudding Russe.

150 gr. de sucre, 1/2 litre de lait, 1 zeste de citron; faites prendre le bouil sur le feu; pendant ce temps, délayez 125 gr. d'amidon extra avec 1/4 de litre de lait, et versez votre appareil chaud sur l'amidon, remuez jusqu'à ce que ça prenne, 1 verre de kirsch; quand ça prend, vous y ajoutez 6 blancs d'œufs; bien ferme, huilez un moule à gelée, mettez des cerises dans le fond des côtes, garnissez, et à la glace. On le sert avec du sirop de framboise autour. Il se tient sans être glacé.

Mousse Café.

Faire une abbesse en pâte d'amande ou sucrée, ronde; une fois cuite, l'on colle autour 2 étages de meringues ordinaires au sucre cuit; on le garnit d'une crème : chocolat, café ou vanille à la Chantilly, et on le décore avec, dessus et dans les trous.

Le Vacherin.

60 gr. amandes écrasées, 60 gr. de sucre, 30 gr. de farine, 1 œuf et un peu de blanc; mêler et coucher en long sur une plaque beurrée, cuire à four chaud; sitôt cuit, on le tortille autour d'un cercle à méringue suisse, on le coupe et on le colle au sucre cuit; le garnir en dedans avec de la crème fouettée et des meringues. On le monte en pain de sucre, la crème bien vanillée.

Petits Pots de crème.

3 moules à babas de sucre; le travailler avec 4 jaunes et 3 œufs, 9 moules à babas de lait; le verser bouillant sur le sucre en fouettant, vanille, chocolat ou café; cuire au bain-marie dans des petits pots. Ça se sert comme entremets; 30 cent. Feu dessus et dessous.

Œufs au lait.

125 gr. sucre battu au fouet avec 8 œufs, eau d'oranger; versez dessus un litre de lait bouillant. Mettre dans un bol et cuire à un four moyen. On les sert comme entremet à la vanille, au café ou au chocolat.

ENTREMETS SECS

Laëkerlet de Bâle.

750 gr. de farine sur le tour, 500 gr. de sucre, 500 gr. de miel du pays, 300 gr. d'amandes hachées fines, 125 gr. citronnat haché fin, 125 gr. orangeat haché, 2 zestes citron hachés, 2 œufs, 8 gr. potasse, 8 gr. girofle moulu, 8 gr. canelle de Ceylan en poudre, 1 noix de Muscade râpée, 1 verre de kirsch; pétrir le tout à la main, étendu au rouleau; 2 fr. les 500 gr., cuit dans des cercles à flan. On les glace au kirsch, en sortant du four, rien que dessus. Four moyen, dorer.

Gâteaux de Nantes.

1 kil. de farine, 500 gr. de sucre, 500 gr. de beurre, 250 gr. d'amandes hachées fines, 250 gr. fruits hachés fins; eau d'oranger, 6 œufs; les étendre au rouleau, les pincer autour avec la main, faire un pralin sec avec des amandes hachées, le mettre dessus une fois doré, n'en mettre qu'au milieu, sucre par-dessus; four moyen. 1 fr. 50 les 500 gr.

Gâteaux Bretons.

1 kil. de farine, 375 gr. de sucre, 375 gr. de beurre, 125 gr. angélique haché, 6 ou 7 œufs, canelle de Ceylan; travailler le sucre avec les œufs en pétrissant; cuits très-épais dans des cercles à flan, dorés 2 fois. L'on fait des dessins dessus avec des rayeurs dentelés. Four moyen. 1 fr 50 les 500 gr.

Gâteaux Normands ou Sablés de Lizieux.

1 kil. de farine sur un coin du tour; travaillez 500 gr. de beurre fin avec 1/2 litre de lait, à la main, puis vous y mettez 375 gr. de sucre et canelle, puis la farine après, étendus au rouleau; cuits dans des cer-

cles à flan ou en papier ovale, dorés 2 fois et rayés comme les bretons. Four doux. 1 fr. 50 les 500

La Compostella.

250 gr. d'amandes pilées, avec 6 œufs, 500 gr. de sucre, 250 gr. de farine, 250 gr. de beurre, angélique et orange hachée, 125 gr. Pétrir le tout sur le tour, les étendre au rouleau. Cuire dans des cercles à flan. Dorer deux fois et les rayer ; four moyen.

ENTREMETS ORDINAIRES

Biscuit de Savoie.

500 gr. de sucre, travaillé avec 14 jaunes et 2 œufs, vanille, puis 375 gr. fécule et farine, 14 blancs montés. Bien mêler la pâte, que les moules et le beurre soient chauds. Egoutter le moule comme il faut avant de le glacer, et taper le biscuit une fois dedans ; four moyen.

Biscuit de Savoie chauffé.

500 gr. de sucre battu, sur un feu doux, avec 12 œufs. Quand c'est pris, l'on y ajoute de la vanille et 500 gr. de fécule et farine. Même préparation que pour l'autre, et four moyen.

Gateau d'Amandes.

Le gâteau d'amandes se fonce en rognures de feuilletage; on le garnit bien avec de la crème, puis le couvrir avec du feuilletage entier ; le denteller autour, le dorer et le rayer en rosace ; four chaud. (Voir crème d'amandes.)

Fourré d'Abricot.

Le fourré se fait pareil au gâteau d'amandes ; au lieu de crème d'amandes, on le garnit d'abricot, et on le raye en feuille ; four chaud.

Gâteau d'Amandes Pralinées.

Le gâteau d'amandes pralinés est le même que l'ordinaire, seulement on le praline dessus, avec cet appareil ; 125 gr. d'amandes pilées, avec 7 blancs d'œufs, puis 500 gr. de glace ; très-peu en mettre dessus, poudrez ; cuire à four moyen.

Tarte hollandaise de Nantes.

Faites une abbesse mince en rognures ; garnissez le milieu d'une crème d'amandes mélangée avec un peu de frangipane ; la mettre en boule ; recouvrir d'un dessus feuilletage entier ; couper rond et appuyer les bords avec les doigts, que ce soit mince et collé à la tourtière ; mettre un pralin à 5 blancs au lieu de 7, très-peu en mettre. Bien poudrer et rayer en rosace ou en 8 portions. Four moyen. Ce gâteau est gentil ; il faut passer deux ou trois fois le couteau dans la fente, pour que cela ressorte.

Croix de Malte.

La croix de Malte se fait exactement comme le gâteau d'amandes, seulement on la garnit de bonne pomme ; on ne la dore ni on la raye, l'on marque une croix dessus ; on la coupe aux quatre bords, à 4 centimètres de profondeur ; on relève les bords sitôt cuit ; l'on fait la croix avec de l'abricot et de la poudre dessus.

Flan Meringué.

Foncez un cercle à flanc, garnissez-le d'une bonne crème à flanc (voir *Crème à flan*) ; sitôt cuit, on le meringue et on le décore, le poudrer et le mettre au four ; après cela, on le garnit à l'abricot et à la groseille dans le décor.

Mars.

Fond rond en pâte sucrée, et crème d'amandes dessus. Sitôt cuit, on

e meringue à 4 centimètres de haut ; l'on y met des amandes effilées
autour et des raisins au milieu. Le poudrer et remettre au four.

Le Mille-feuille.

Pour 5 fr., vous faites dix abbesses rondes et percées au milieu.
Les faire en feuilletage, à qui l'on donne 12 tours et que l'on pique.
Les mouiller et semer du sucre dessus. La dernière abbesse ne doit
pas être percée : l'on y fait un fond un peu plus large en pâte sucrée.
Quand c'est cuit, l'on garnit une couche à l'abricot et une à la groseille,
et ainsi de suite. Bien l'arrondir. On le masque à la meringue italienne.
On le panache tout autour: pistaches, casson, raisin, amandes hachées.
On glace le dessus au rhum, et on le décore.

Le Napolitain.

Pour 5 f., 5 abbesses épaisses, en pâte à napolitain, percées rondes ; puis une dessus et une dessous unies et plus large de 3 centimètres. Coller à l'abricot une fois cuites. Bien les arrondir ; les abricoter à l'abricot chaud et bien cuit. Pour le masquer : décorer le tour ;
faire des guirlandes au-dessus. Glacer le dessus au rhum ; décorer
aux fruits.

Pate à Napolitain.

500 gr. de farine, 375 gr. de beurre, 375 gr. de sucre, 375 gr. de
poudre d'amandes autour de la farine, 15 gr. d'amandes amères, 2
œufs, sel, four moyen. Ne pas brûler la pâte en pétrissant.

Meringue suisse.

500 gr. de sucre déglacé et passé au tamis, 9 blancs. Bien ferme ;
mêler le sucre ; bien beurrer les cercles et les glacer. Les masquer à la
meringue ; décorer par-dessus. Quand elle est finie, on la fait sécher
dessus ou dessous le four. La cuire le lendemain, la décoller et regar-
nir l'intérieur de meringuage ; faire sécher. — Il y en a qui font le meringuage sur des ronds en pâte d'amandes. — C'est le meilleur pro-
cédé.

Le Chateaubriant.

500 gr. de farine, 375 gr. de sucre, 375 gr. d'amandes, 300 gr. de

beurre, 4 jaunes, 2 œufs. Pétrir la pâte délicatement. — Faites 6 colonnes égales, 13 centimètres de hauteur sur 8 de largeur, le dessus et le dessous à 6 pans, le dessous un peu plus large. Cuire à four moyen. Après cela, en les glace à 3 couleurs ; l'on glace le dessus aussi ; on décore les six faces et le dessus, et on le garnit d'une crème Plombières ou Chantilly au moment de servir. L'on n'en fait pas à moins de 8 francs.

Polonais.

180 gr. d'amandes pilées à la fleur d'oranger ; travaillez 180 gr. de sucre avec 8 jaunes, puis les amandes , vanille, 150 gr. de farine, 8 blancs montés moule à génoise. Glacer vanille. Four moyen.

Le Richelieu.

500 gr. de sucre travaillé avec 16 jaunes, puis 375 gr. de crème d'amandes vanillé, 375 gr. de fécule et farine. — 16 blancs montés. — Moule à brioches. Glacer vanille, et décorer aux fruits. — Le glacer sur le dos. Four moyen.

Le Milanais.

125 gr. de sucre battu sur le feu, avec 3 œufs, 1 verre d'anisette, 90 gr. de farine, 90 gr. de beurre fondu. Moule à gelée. Glacé anisette. Four moyen. Pour toutes ces pâtes chauffées, il faut les sortir un bon moment avant de mêler la farine, et que le beurre ne soit pas trop chaud.

Le Toscan.

250 gr. d'amandes et 250 gr. de sucre pilés et passés au tamis ; les travailler à la terrine avec 8 jaunes, vanille, 90 gr. de fécule, 8 blancs montés. Moule à Gorenflot. Glacer à l'orange.

Le Viennois.

Couchez du biscuit dans 5 ou 6 cercles à flan de la même grandeur, cuisez-le. Une fois cuit, fourrez ces tranches avec de l'abricot, et glacez au rhum et décorez. Cela se vend 1 fr. la tranche. Bien le masquer. On le monte en pyramide.

Saint-Honoré.

Le Saint-Honoré se fait de bien des manières. La plus usitée, c'est de faire un fond en pâte à foncer, d'y coucher un cordon en pâte à choux autour et de tous petits choux que l'on cuit à part ; une fois cuits, on glace les petits choux, que l'on colle à distance et une cerise glacée entre. Le garnir d'une crème (Voir Crème à Saint-Honoré, ou bien Crème à Charlotte). — En hiver, l'on met des quartiers d'oranges glacées ou des olives en pâte d'amandes.

Flan grillé.

Cercle foncé ; le garnir de bonne marmelade de pomme ; le bander dessus avec de petites bandelettes ; mouiller cette couche, puis rebander dessus en sens inverse. Bien dorer et cuire à four chaud. Siroper à la groseille en sortant du four ; le remettre un peu à sécher.

Flan-poire.

Cercle foncé ; relever la crête et la pincer, le garnir à moitié de marmelade, puis l'on a des poires cuites au sirop et au carmin rose ; l'on en met 5 pour 1 fr. 25 c., et ainsi de suite, 1 poire par 25 c. cuire à four chaud et siroper groseille. Les repasser au four.

Flan anglais.

Cercle à flan foncé ; l'on relève le bord et on le pince ; on le garnit à moitié de marmelade de pomme, puis l'on y met tout autour des petites tranches de pommes minces, ainsi qu'au milieu ; les ranger avec goût ; cuire à four chaud, les abricoter à l'abricot chaud en sortant du four.

Flan polonais.

Cercle foncé ; relever le bord et le pincer, bien le garnir de pomme ; l'on fait des rosaces en feuilletage et un point au milieu ; on dore la rosace et on la glace au four ; que l'emporte-pièce soit cannelé ; four chaud.

Flan portugais.

Cercle foncé et pincé ; le cuire avec des noyaux ; après cela on le garnit d'une petite couche d'abricot ; on a des quartiers de pommes cuites au sirop de citron. On les range avec goût dans le flan, puis l'on y met de la gelée de pomme dessus et dans les trous.

Flan assorti.

Cercle foncé, pincé et garni de noyau. Sitôt cuit, on le garnit de quartiers de pommes, de poires, de prunes, de cerises et ainsi de suite. On y coule dessus une nappe de gelée et une couche d'abricot au fond.

Flan d'été.

Le premier flan de fruit nouveau, c'est la fraise ; croûte cuite à part, le glacer au sirop de groseille ; après cela la cerise, après l'abricot, la reine-glaude, la mirabelle, la pêche, le raisin, et en dernier la prune couache. Le tout, au sirop à la groseille ou au sirop blanc.

Le Mazarin.

125 gr. de sucre battu avec 4 œufs, 125 gr. corinthe, 100 gr. cédrat haché, rhum ; battre à froid, puis 125 gr. farine et 125 gr. beurre fondu ; moule génoise ; glacer rhum. Four moyen.

Le Mousseline.

300 gr. de sucre battu avec 8 jaunes, 1 œuf, vanille, 250 gr. de fécule et farine, 6 blancs montés. Four moyen, moule génoise ; le fourrer à la crème vanille, glacer vanille.

Le Manqué.

375 gr. de sucre travaillé avec 9 jaunes, 250 gr. de farine, vanille, 125 gr. beurre fondu, 9 blancs montés, moule à brioche ; le praliner en sortant du four et le remettre, une prune au milieu. Très-peu colorer.

Nougat amande haché.

Faites fondre 375 gr. de sucre sur le feu. Lorsqu'il est bien fondu, vous y versez 625 gr. d'amandes hachées avec jus de citron ; on fait des pièces montées et nougat avec. Que les amandes soient chaudes.

Nougat amande effilé.

Faire fondre 500 gr. de sucre avec un jus de citron, puis y ajouter 625 gr. d'amandes effilées.

Tortalix.

250 gr. d'amandes et 250 gr. de sucre pilés et passés au tamis ; travaillez à la terrine avec 10 jaunes, 1 moule de rhum et 1 œuf, 100 gr. fécule, 10 blancs montés, moule à savarin. Four doux, les cassonner autour. On fait un cordon dessus en meringue italienne.

L'Ambroisie ou pain de Gênes.

500 gr. d'amandes fraîches pilées avec 8 œufs, puis 625 gr. de sucre. Bien travailler au mortier, vanille et kirsch, 125 de fécule, 250 gr. de beurre fondu. Moule génoise cannelé avec un papier au fond. Four moyen. Ne glacéz que le dessus au kirsch. Avec cette pâte, l'on fait des pommes de terre.

Plum-Cake.

500 gr. de beurre en crème ; le travailler avec 9 beaux œufs, puis 500 gr. de sucre, 2 moules de rhum, 375 gr. de raisins, 125 gr. fruits hachés, 625 gr. de farine. On y sème dessus des raisins de Corinthe. Moule à charlotte. Four doux. 1 prise carbonate. Denteller le papier. C'est à 2 fr. le 1/2 kilo.

Plum-Cake indien.

250 gr. de sucre travaillé avec 8 jaunes, 180 gr. de farine, 125 gr. de beurre fondu, 60 gr. d'anis, 8 blancs montés, moule à plum-cake, papier autour. Une fois cuit, on le praline aux amandes effilées. Le repasser au four ; four moyen. 2 fr. le 1/2 kilo.

Biscuit-Punch.

125 gr. de beurre travaillé avec 8 jaunes, puis 125 gr. de sucre, 125 gr. de farine, 8 blancs montés, en faire trois ronds sur papier, cercle autour. L'on fait une glace claire au jus de citron, l'on y coule une petite couche de cette glace, puis une couche de groseille sur

chaque, on les met les unes sur les autres, et on les masque partout. Glacer au jus de citron et rhum, décorer aux fruits.

Le Breton.

500 gr. de sucre battu sur le feu avec 16 œufs, 500 gr. de farine, vanille, 250 gr. de beurre fondu, moule à breton ou à gorenflot, le glacer de trois couleurs et le décorer au beurre. Le vrai breton se fourre à la glace au beurre, se masque avec la glace, et se décore avec. L'on met du petit sucre dessus (voyez crème à breton), le monter en pyramide.

Le Venise.

500 gr. de sucre battu sur le feu avec 12 œufs, 375 gr. farine de riz, 375 gr. beurre fondu, vanille, fruits hachés 125 gr., moule à breton. Quand c'est cuit, vous pilez 125 gr. d'amandes et 125 gr. d'avelines avec 4 œufs ; vous y ajoutez 125 gr. beurre fin et 60 gr. farine, le tout au mortier. Avec cette pâte vous garnissez les moules qui ont servi au venise à 1 centimètre de haut. Cuisez-les ; une fois cuits, arrosez-les de kirsch, fendez votre génoise, et collez-y votre pâte d'amande avec de l'abricot. Ce gâteau s'abricote et se monte comme le breton, cassonné, pistaché, raisin, et décoré aux fruits. La pâte aux noisettes n'a pas besoin de sucre.

Le Hombourg.

500 gr. de sucre battu sur le feu avec 16 œufs, vanille, 375 gr. farine, 375 gr. beurre fondu, moule à trois-frères, four moyen. On le glace à l'orgeat, et on le décore à une crème orgeat, dont voici : délayez 1⟨2 litre d'orgeat avec 8 jaunes d'œufs ; passez-le sur le feu ; le sortir au moment de bouillir, une fois froid ; le fouetter avec 250 gr. de beurre fin. L'on fait une couronne autour avec cette crème. Douille à breton.

Le Moka.

Le moka se fait en génoise, moule à génoise ; on le fourre avec une crème, on le cassonne autour, ou on le glace au café, et on le décore à la crème (voir crème à moka) ; bien le masquer tout autour et desssus.

L'Impérial.

Faites cuire de belles pommes de terre ; une fois cuites , vous les pelez et en pesez 500 grammes. Vous les pilez dans un mortier avec 10 jaunes d'œufs, puis 180 grammes de beurre frais ; après cela, vous les mettez dans une terrine avec 500 grammes de sucre ; bien les travailler comme du biscuit; vanille. Si c'est dur, l'on met 1 ou 2 œufs, 12 blancs montés ; moule à génoise, foncé, mince, en rognure ou pâte sucrée ; sitôt cuit, on l'abricote ; le glacer vanille ; four moyen ; en sortant du four, l'arroser au kirsch.

Gâteau du Brésil.

Pilez 125 gr. de noisettes grillées et 125 gr. d'amandes avec 1 œuf et du lait; ensuite, vous travaillez 250 grammes de sucre avec 6 jaunes, vanille, puis vos amandes ; après cela, vous mettez 100 gr. farine de riz, 250 gr. beurre fondu , 6 blancs montés ; moule plat cannelé , papier au fond , glacer vanille , four moyen.

La Religieuse.

Moule à génoise; le foncer en pâte sucrée et le cuire aux noyaux; vous aites des choux, forme de pain de la Mecque, et un chou pour mettre dessus ; vous les garnissez d'une bonne crème Chantilly ou Saint-Honoré, et les glacer au parfum demandé; garnir le fond du moule de crème, puis ranger les choux dessus, appuyés les uns sur les autres ; garnir les distances avec de la crème au sac. L'on en fait au café, vanille, chocolat. Que cela forme le pain de sucre.

Le Chinois.

500 gr. de sucre battu avec 14 œufs sur le feu, puis 125 gr. d'amandes pilées avec 3 œufs, 125 gr. raisin Malaga et 125 gr. écorce, le tout bien pilé ; 375 gr. de farine de riz, rhum, 375 gr. beurre fondu ; bien mêler les fruits ; four moyen, moule à trottier, glacer citron ; une moitié de prune verte dans chaque trou.

La Mathilde.

Travaillez 420 gr. de beurre en crème jusqu'à ce qu'il soit blanc, ajoutez-y 500 gr. de sucre, travaillez-le dur et de peu à peu ; vous y ajoutez 6 jaunes, 12 blancs, 60 gr. poudre d'amandes amères, 1 verre kirsch, 1 verre curaçao,, 300 gr. crème de riz ; four doux, moule génoise plat, papier au fond. En sortant du four, l'on y passe un pinceau de sirop de vanille ; glacer kirsch, pistaches hachées dessus.

Le Gallicien.

Bonne génoise, moule à génoise, le fourrer à une crème vanille et pistache, masquer à l'abricot et glacer pistache ; l'on en met quelques-unes hachées dessus.

Le Portugais.

125 gr. d'amandes pilées avec 3 œufs, 375 gr. sucre battu avec 9 jaunes, les amandes et 8 écorces d'oranges hachées très-fines, 180 gr. de crème de riz et 180 gr. de beurre fondu, 9 blancs montés ; moule à trois frères, four moyen ; siroper à l'orange, glacer à l'orange.

Le Tempico.

Cercle à flan foncé, épais, en pâte d'amandes ; le cuire aux noyaux ; four chaud. Mettez 150 gr. de bel abricot sur le feu, que vous faites bouillir avec un verre de kirsch, puis 50 gr. d'amandes effilées, 30 gr. pistaches hachées, et 50 gr. raisin de Smyrne. Lorsque cela a bien bouilli, on le verse dans la croûte, et l'on fait un cordon autour en meringue italienne.

Mousse à l'Orange.

500 gr. de sucre travaillé avec 16 jaunes, 2 jus et râpure d'orange ; carmin rouge, acide citrique, 375 gr. de farine, 180 gr. beurre fondu , 16 blancs montés ; moule à génoise, four moyen, glacé à l'orange.

Mousse à l'Orange fine.

Travaillez 500 gr. de sucre avec 20 jaunes, la râpure et le jus de trois belles oranges, 5 gr. acide citrique et carmin rouge ; après cela, l'on met 375 gr. farine de riz, 180 gr. de beurre fondu, 20 blancs montés, cercles à flan, papier au fond et bande autour en papier, four doux ; le masquer à la marmelade de pomme parfumée à l'orange et le glacer à l'orange.

Biscuit à l'Orange.

125 gr, de sucre travaillé avec 4 jaunes, 100 gr. crème de riz, acide citrique, 60 gr. beurre fondu, 4 blancs montés ; moule génoise, fourrer à la gelée à l'orange, glacer à l'orange.

La Bombe hollandaise.

Faites de la pâte à mousse à l'orange ordinaire, garnissez-en tous les étages d'un moule à bombe uni. Une fois cuit, vous les superposez, vous les masquez légèrement. Les glacer au fondant orange, après cela vous avez de l'abricot bouillant et cuit, vous passez légèrement le pinceau dessus la glace et semez du petit casson dessus. C'est un gâteau qui a de l'œil, l'on croit que c'est un fromage au premier aspect.

Gelée à l'orange.

Quand vous épluchez des oranges, râpez-les, et mettez-les dans une grande bouteille, avec de l'acide citrique et de l'eau, ne mettre que la râpure, cela se conserve longtemps en bien le bouchant. L'on s'en sert pour fourrer les gâteaux et parfumer les glaces. L'on en verse sur de la gelée de pomme, et on fourre avec les entremets.

Rhum vanillé.

Mettez douze gousses de vanille dans 1 litre de rhum, n'y touchez qu'au bout de quinze jours. S'en servir tous les jours en remettant du rhum à mesure, au bout d'un an, c'est encore bon. C'est un excellent parfum pour les entremets et les glaces. L'on peut remplacer le rhum par l'esprit de vin.

Biscuit d'amandes.

250 gr. d'amandes que vous broyez avec 5 blancs, 625 gr. de sucre travaillé avec 12 jaunes et 2 œufs, puis les amandes, vanille, 420 gr. de farine, 12 blancs montés, moule génoise, beurré et glacé au sucre, four doux.

La Renaissance.

Faites un fond rond et épais en pâte à napolitain, cuisez-le tendre, une fois cuit, abricotez-le et mettez-y une couche de crème d'amandes fine, bien égaliser et glacer au kirsch, décoré aux moitiés de cerises.

Le Mohican.

Faire un biscuit dans un moule à Charlotte, une fois cuit, on le coupe en 4 tranches, 2 fourrées à l'abricot et 2 à la meringue italienne, le coller, le masquer et le décorer à la meringue italienne. Il faut qu'il repose sur un fond pâte sucrée, le passer au four une minute. Petit sucre rouge semé dessus.

Amandines.

Faites des biscuits dans des cercles à flan, fourrez-les, une fois cuits, avec de la crème d'amandes au beurre, montez-les l'un sur l'autre, masquez-les à la crème d'amandes et glacez anisette; 1 fr. la tranche.

Nougat de Tours.

250 gr. d'amandes et 500 gr. de sucre pilés et passés au tamis, vanille, les mouiller avec 10 ou 12 blancs d'œufs, que ce soit un peu liquide. Vous foncez des cercles en pâte sucrée, de l'abricot au fond et cédrat hâché par-dessus, mettez votre appareil, des tranches de cédrat dessus et poudrez. Cuire à four doux.

Le Vivienne.

Bonne génoise dans un moule à génoise. Une fois cuite, on l'abricote, puis l'on y met dessus une boule ou dôme en meringue italienne vanillée, et l'on glace au fondant au kirsch ou à l'orange, l'on décore la génoise aux fruits et des moitiés d'amandes.

Le Bosphore.

180 gr. d'amandes pilées avec 3 œufs, puis y ajouter 180 gr. de sucre, 6 gouttes noyau; 1 verre de kircsh. Après cela vous travaillez 500 gr. de sucre avec 12 jaunes et 4 œufs, puis vous mettez votre pâte d'amandes, 375 gr. farine mélangée, 375 gr. de beurre fondu, 12 blancs montés vanille, glacer au kirsch, moule plat à rosace, four moyen. Envelopper dans du papier d'étain.

Framboisine.

Travaillez 8 jaunes avec 1/2 litre de jus de framboise, passez sur le feu. Quand il est prêt à bouillir, on le sort et on le passe, carmin rose, le fouetter avec 250 gr. de beurre fin, garnir une génoise avec, la masquer, la cassonner et la décorer avec, comme le moka.

Le Liban.

125 gr. d'amandes, 125 gr. de noisettes et 500 gr. de sucre, pilés et passés au tamis, vanille, le mouiller à la terrine avec 8 ou 10 blancs. Quant c'est un peu liquide, on le verse dans un cercle à flan foncé et abricot au fond. Cuire à four doux. En sortant du four, on le glace à la vanille, pistaches hachées dessus.

Le Siamois.

250 gr. de beurre travaillé avec 4 œufs, puis 500 gr. de sucre et 20 jaunes de peu à peu, 250 gr. d'amandes écrasées, vanille, 250 gr. fruits achés fin, 250 gr. de farine, 20 blancs montés, ajoutez cela l'un après l'autre. Moule à génoise, four moyen, glacer à l'orange, fourrer à l'orange.

Génoise pour Croc-en-bouche.

500 gr. de sucre battu à froid avec 12 œufs, vanille, 500 gr. de farine, four moyen, glacer roses et blanches, les couper rondes ou carrées pour pièce montée.

Barcelonnette.

400 gr. de sucre travaillé avec 3 jaunes, puis y ajouter 100 gr. d'amandes pilées avec 2 œufs, rhum, 250 gr. de farine, 8 blancs montés, four moyen, glacer rhum.

Portugaises.

500 gr. de sucre travaillé avec 12 jaunes et 4 œufs, 125 gr. poudre d'amandes, 420 gr. de farine, 1/2 verre d'anisette, 12 blancs montés. Dressés dans des moules à Savarin avec de l'orangeat haché au fond, four moyen. Sitôt cuit, on le sirope à l'anisette, on le glace à l'anisette, 250 gr. beurre fondu.

Madeleine de Toulouse.

Mettez 18 œufs tels qu'ils sont au four, laissez-les cuire un peu.

Pendant ce temps vous mettez 375 gr. de sucre dans un bassin, vous cassez vos œufs avec, puis vous les fouettez dur, 1 zeste de citron haché, et 375 gr. de farine, couchez dans des cercles à flan, papier dessous et autour, amandes hachées et sucre dessus; four moyen. C'est un gâteau à thé, qui fait boire.

Biscuit meringué.

Faire un biscuit dans un moule à brioche. On le meringue en pain de sucre avec des meringues dans l'intérieur, on le décore et on le poudre. Cuire à four doux, meringué à 9 œufs par 500 gr.

PATISSERIE ANGLAISE

Butter-Biscuit.

Un 1/2 litre de lait et 250 gr. de beurre ; les mettre à fondre ensemble ; les verser dans 1 k. 500 gr. de farine, où il y aura du sel et un peu de levure. Pétrir pas trop dur. Les couper ronds et les piquer. — Etendus au rouleau, — four chaud, — on y passe du lait dessus en sortant du four. 1 fr. 50 les 500 gr.

Captans-Biscuit

3 kil. de farine, gros comme un œuf de beurre, du sel, de l'eau. — Faire une pâte très-dure ; la travailler à la mécanique ou au rouleau ; les étendre au rouleau et les piquer avec un gros tampon garni de pointes. On les pèse 50 gr. chaque ; 10 cent. Cuire à four tournant.

Mins-Biscuit.

La même pâte que les captans, — un peu plus molle. — Les étendre très-minces. 25 gr. *pièces*. Piqué et cuire à four chaud. 5 cent.

American-Biscuit.

Même pâte que les minces : étendus, ronds, épais ; appuyez sur un morceau de bois. Piquez. Four chaud.

York-Biscuit.

Un 1/2 litre de lait, 250 gr. de beurre, 250 gr. de sucre, sel. Le tout fondu ensemble. Verser cela dans deux kil. de farine. Pétrir dur, sans donner du corps ; dressez au rouleau. — L'on en fait de deux sortes. — L'on a un petit moule carré en bois où il y a écrit *Yorck*. On l'imprime sur la pâte et on le coupe. — L'autre sorte : on la coupe en petite baguette de 3 pouces de long. — Four moyen. — Dorer au lait en sortant du four.

Carvi-Biscuit.

Même pâte que les Yorck; l'on y ajoute 125 gr. de carvi en grain. Couper rond et piquer. Four chaud. Dorer au lait.

Muffins.

2 kil. de farine, 50 gr. de levure, 2 litres de lait tiède. Pétrir le tout ensemble. Faire lever huit heures sur le four. Le lendemain, on rajoute 1 kil. de farine, du sel et du lait, si c'est trop dur. Pâte molle. On les moule gros comme un œuf, on les applatit et on les met à lever sur un linge fariné sous le four. Les cuire, sur une plaque, sur le fourneau ; on les tourne à mesure qu'elles cuisent. Les servir chaudes, en y fourrant une couche de beurre salé, 25 cent.

Jochekec.

Même pâte que les muffins et même forme. Une fois cuite, on les arrose avec un pinceau de beurre salé fondu.

Gelée au Madère.

Prenez 2 pieds de veau et 2 litres d'eau, mettez-les sur le feu ; sitôt qu'ils prennent le bouil, mettez-les à réduire au four, 3 ou 4 heures. Sortez les pieds ; mettez 375 gr. de sucre dans la gelée avec l'écorce de 2 citrons et le jus de 4. Clarifiez-là sur le fourneau avec 2 blancs d'œufs. Laissez dépouiller, et passez au filtre. 2 moules à baba de madère et 1 moule de cognac. — Procédez comme pour les autres gelées. Bien sangler le moule.

Minces-Pies surfins.

1 kil. de graisse de bœuf, 500 gr. de langue de bœuf, cuite sans sel, 1 kil. de raisin Malaga, 1 kil. 250 gr. de Corinthe, 1 kil. de pommes épluchées, 1 Kil. 250 de sucre, 375 gr. d'écorces confites, 2 zestes de citron, 2 citrons bouillis bien tendres sans grains, 2 noix muscade râpées, 15 gr. de sel, 1 cuillerée à café de macis pilé, 1 cuillerée 1/2 à

café de gingembre en poudre, un 1/2 litre de cognac, un 1/2 litre de madère. Les citrons doivent bouillir 1 heure 1/4 : il faut hacher finement chaque chose, les unes après les autres. Bien mêler le tout. Mettre dans un pot fermé hermétiquement. Ne s'en servir qu'au bout de deux mois. C'est un gâteau de Noël. On le garnit et on le raye comme un gâteau d'amandes. La grandeur d'un de 1 fr. vaut 3 fr. en minces-pies. Cet appareil s'appelle Miss-Mith.

Plum-Pudding anglais.

Voir la recette à l'article *Plum-Pudding anglais.*

Seed-Cake.

500 gr. de sucre et 500 gr. de beurre travaillé avec œufs, 1 verre de rhum, 125 gr. de carvi en grain, puis 500 gr. de farine. Moule à plum-cake, papier dentellé autour, comme le plum-cake. Four moyen. 2 fr. le 1/2 kilo.

Bread-Cake.

500 gr. de farine; faire le levain avec 125 gr., puis pétrir la pâte avec 4 œufs et du lait ; y ajouter 125 gr. de sucre, 125 gr. de beurre, 125 gr. de Corinthe et le levain, cédrat et citron haché. — Le lendemain, on le couche dans un moule à charlotte, on le fait lever, on le dore et on le cuit à four pas trop chaud. 1 fr. 50 le 1/2 kil.

Buns.

500 gr. de farine, dont 125 gr. pour levain. Pétrir la pâte avec 4 œufs et du lait, puis y ajouter 125 gr. sucre, 125 gr. beurre, 125 gr. Corinthe et le levain. Le lendemain, on les dresse sur des plaques de la grosseur d'un œuf, on les fait lever, on les dore et on les cuit à four moyen. 15 cent., 10 pour 1/2 kil. Pâte un peu molle et bien levée.

Cross-Buns.

Les Cross-Buns se font exactement comme le buns. L'on n'en fait que le Vendredi-Saint, avec une croix au couteau dessus. L'on met 15 gr. d'épices par 1 kil. de farine. Four moyen. 15 cent.

GATEAUX A 10 ET 15 CENT.

Le gâteau riz.

Ecrasez 500 gr. de riz crevé pour 16 riz comme il faut, mettez-y 4 œufs, 180 gr. de sucre, vanille ou fleurs d'orangers, moules ovales foncés, bien le travailler avant de le garnir. Four chaud, poudrer sitôt cuit. (Voir appareil à riz.)

Macaroni.

Foncez des moules à darioles. Les garnir de macaroni, les appuyer sur du fromage râpé, un bout de beurre. Cuire à four chaud. (Voir timbale parisienne.)

Nougat.

Moules à darioles. Les garnir de nougat et les monter avec un morceau de bois. On les rase autour. (Voir nougat haché et effilé.)

Condés.

Etendez une bande de rognures de feuilletage à 10 cent. de largeur, mettez un pralin dessus et poudrez-les, coupez-les à 3 cent. de largeur. Four moyen.

Anglais

250 gr. de sucre battu à froid avec 4 œufs, 100 gr. de Corinthe et 100 gr. de cédrat haché, rhum. 250 gr. farine, 250 gr. de beurre fondu. Moule à bateau, four moyen. Glacer au rhum.

Babas.

Petits moules ronds et hauts. Les garnir à moitié, les faire lever, les cuire à four un peu chaud, puis les siroper (Voir pâte à baba). L'on en garnit 12 au 1/2 kilo.

Savarin.

Petits moules ronds et percés, les garnir à moitié, les faire lever, les cuire et siroper. Four chaud (Voir pâte à savarin et sirop).

Brioche.

Les mouler dans des moules canelés ou sur plaques. Les dorer et les chiqueter. Four vif. 10 brioches au 1/2 kil. (Voir pâte à brioches.)

Biscuit ovale.

Moule à bateau foncé. Le garnir d'une crème d'amandes au beurre, sitôt cuit, on poudre un côté et groseille de l'autre. Four moyen. (Voir crème d'amandes).

Bédouynes.

500 gr. de farine sur le tour, 250 gr. de sucre, 500 gr. de beurre, 2 moules de rhum, l'on y ajoute 250 gr. d'amandes que l'on a pilé avec 3 œufs. Pétrir tout ensemble. On étend cette pâte au rouleau, très épaisse, l'on fonce des moules creux à mirlitons avec. Cuire à four un peu chaud. Sortant du four, l'on met de l'abricot au milieu et glacer rhum. En tirer 50 à 60 à la dose. Foncer à l'emporte-pièce.

Caprices.

60 gr. d'amandes et 125 gr. de sucre pilés et passés au tamis, 30 gr. fariné et 30 gr. cédrat hachés. Montez 4 blancs fermes et mêler comme la meringue. Foncez des moules à mirlitons en feuilletage. Garnissez-les avec. Petit casson dessus. Four moyen.

Charlottes.

Cuisez des petits ronds de pâte sucrée, mettez-les au fond d'un moule à baba. Coupez des biscuits cuillère par le milieu, collez-les au sucre cuit dans le moule et garnissez votre charlotte au sac (Voyez crème à Charlotte).

Italienne.

125 gr. d'amandes et 125 gr. de sucre pilés et passés au tamis, va-

nille, 4 blancs montés. Bien y mêler l'appareil, foncez une caisse en pâte sucrée et abricot au fond. Mettre l'appareil et poudrer. Four doux. Les couper sitôt cuit, four ouvert.

Souflé de Fécule.

Foncez une caisse avec de la pâte sucrée et marmelade de pommes au fond. Détrempez, 125 gr. de sucre avec 60 gr. fécule, et 1/4 litre de lait. Quand elle est cuite, l'on y ajoute de la vanille et 6 jaunes. Montez 6 blancs. Mêlez et garnissez. Four moyen. Sitôt cuit, on les poudre et on les coupe.

Darioles.

Petits moules à nougat foncé; faire une crème à 2 moules, ras de sucre, 1 moule pointu de farine; y mêler 2 œufs et eau d'oranger, 4 moules de lait. Ça rapporte 14 darioles; four chaud; poudrer en sortant du four.

Religieuses et Jalousies.

Ce sont les mêmes formes. La religieuse, c'est une bande aux bords relevés, pomme dedans; griller le dessus, la dorer sitôt cuite; on la groseille et on sème du petit sucre dessus. La jalousie se garnit à la crème d'amandes et se grille aussi; en la sortant du four l'on y passe un pinceau d'abricot et on la couvre de petit sucre. Les couper aussitôt. Four chaud.

Dartois.

Bande en rognure, abricot dedans; couvrir de feuilletage entier, le marquer, le dorer et le rayer en feuille; four chaud ; le glacer au four. Couper sitôt cuit. On peut le garnir crème d'amandes.

Bande pomme coupée.

Faites une bande en pâte à foncer, relevez les bords, pomme au fond, puis vous la garnissez avec des petites tranches de pommes tout le long, sucre dessus; cuire à four chaud; en sortant du four on l'abricote à l'abricot chaud et on la coupe.

Tartelettes anglaises.

Pilez 125 gr. d'amandes avec 2 moules de lait, mêlez-y 180 gr. de sucre, 125 gr. de farine, vanille, 3 blancs montés ; mêlez le tout et garnissez des moules à mirliton, que vous aurez foncé en feuilletage et pomme au fond ; les poudrer ; four moyen et entrebaillé.

Gâteaux à l'orange.

125 gr. d'amandes pilées à l'eau d'oranger, y mêler 180 gr. de sucre et 4 blancs d'œufs montés, et garnir des moules à mirlitons foncés avec du feuilletage cannelé ; les poudrer ; four moyen.

Mirlitons de Rouen.

Moule foncé en feuilletage cannelé ; mettez 1 moule pointu à babas de sucre, le délayer à la crème et eau d'oranger, puis 2 beaux œufs ; ne faire que mêler ; poudrez dessus ; four un peu chaud. 12 à la dose.

Mirlitons de Toulouse.

Moules très creux, foncés, en pâte sucrée et abricots au fond ; vous pilez 60 gr. d'amandes avec 125 gr. de sucre, et le passer au tamis, vanille ; vous le mouilez avec 2 ou trois blancs d'œufs, pâte un peu molle ; garnissez, mettez 3 moitiés d'amandes dessus et poudrez ; four moyen.

Mirlitons anglais.

Moules foncés, feuilletage cannelé, pomme au fond, une bonne couche de glace molle à décorer dessus ; four moyen. Cerises au milieu.

Nougat d'abricots.

Faites une bande en pâte à foncer avec de l'abricot dessus, et cuisez ; sitôt cuite, vous y mettez dessus un appareil à suédois un peu plus mou ; vous les coupez et les repassez au four 5 minutes.

Nougat de brioches.

Faites une bande en pâte à brioches, abricot et amandes effilés dessus, la cuire ; sitôt cuite l'on y coule dessus une glace au rhum et on la coupe en quartier.

Souvarow.

Moule à tartelette creux, le foncer en pâte sucrée, abricot ou pomme dedans ; mouiller et recouvrir même pâte ; cuire à four un peu chaud. On les poudre en sortant du four.

Conversations.

Moule à mirliton, foncé en feuilletage, crème d'amandes dedans ; le recouvrir de feuilletage ; l'on y passe une couche de glace royale dessus et l'on croise des bandes en losange ; four moyen.

Tartelettes crème.

Moules à mirlitons foncés ; faites une crème à 125 gr. de sucre, 125 gr. de farine, 4 œufs, 1/4 litre de lait ; cuisez-là ; sitôt cuite, y remettre 2 œufs et 30 gr. beurre ; garnissez vos moules, croisez une bande dessus en croix, dorez et cuisez à four moyen. Eau d'oranger.

Marguerites.

Moules à darioles beurrées, les garnir aux trois quarts de pâte à madeleine, les cuire, après cela ; on les abricote à l'abricot cuit et cassonnés autour ; glacer le dessus au fondant, au rhum.

Madeleines.

125 gr. de sucre travaillé avec 3 jaunes d'œufs, y couler peu à peu 3 blancs, 125 gr. de farine, eau d'oranger, 125 gr. de beurre fondu ; four moyen, moules cannelés haut.

Madeleines légères.

125 gr. de sucre fouetté avec 4 œufs, pas autant que la génoise, vanille, 125 gr. farine, 125 gr. beurre fondu ; four moyen. Il y a encore 7 ou 8 manières de les faire, ce sont les deux meilleures.

Madeleines Commercy.

Pesez 4 œufs de sucre et 4 œufs de farine ; les détremper avec 4 jaunes, 1 œuf, 1 zeste citron ; y verser 4 œufs de beurre fondu et 4 blancs montés ; l'on mêle le sucre, la farine, les jaunes et le beurre tout ensemble, sans travailler, puis les blancs. Moules à griffe, four un peu chaud.

Pain-vélu ou Saucisson.

Travaillez 180 gr. de sucre avec 6 jaunes, 1 zeste citron, puis 125 gr. de corinthe, 180 gr. de farine, 180 gr. de beurre, 6 blancs montés ; coucher sur une feuille de papier ; sitôt cuit, on l'abricote un peu épais, on le tourne en saucisson vivement, puis l'on y passe un pinceau de glace au rhum tout autour et on l'appuie sur du casson, en roulant. Le faire sécher au four, le couper en tranche sitôt froid.

Madeleines riz.

125 gr. sucre, 90 gr. crème de riz, 2 œufs, vanille ; ne faire que mêler, 125 gr. beurre fondu. Moules longs, four moyen, glacer vanille. Les abricoter.

Parmentiers.

Moules creux, foncés au feuilletage cannelé ; pilez 125 gr. d'amandes avec 5 œufs, bien fines, puis vous y ajoutez 125 gr. beurre fin et 125 gr. sucre, eau d'oranger ; bien travailler. Garnissez vos moules, poudrez-les dessus ; four un peu chaud.

Gâteaux abricot.

125 gr. d'amandes pilées avec 2 œufs, puis 100 gr. de beurre, 50 gr. d'abricot, 125 gr. de sucre. Moules ovales ou ronds, foncés en pâte sucrée ; les garnir avec. Four moyen. Glacer à l'esprit d'abricot, abricot au fond.

Gâteaux café.

125 gr. d'amandes pilées avec 2 œufs et du café, 100 gr. beurre fin, 125 gr. de sucre. Petits moules à brioches, foncés en pâte sucrée, cannelés. Les garnir avec. Sitôt cuit les glacer au café.

Mars.

Bande en pâte à foncer, abricot dessus, une fois cuit, on les meringue assez épais, l'on jette des amandes hachées dessus, on les marque au couteau. Un grain de malaga sur chaque tranche, les sucrer et au four. Sitôt cuit les couper.

Pommes au riz.

Moule à bateau foncé. Le garnir de pommes avec des raisins de Corinthe au rhum, le couvrir de riz, four chaud. Les poudrer en sortant du four.

Charlottes pommes.

Moule à mirliton, foncé avec crète, le garnir à la pomme, le couvrir mince avec de la pâte à choux et l'appuyer sur du sucre. Four moyen.

Tartelettes aux fruits.

Il y a les tartelettes pommes, grillées, les poires, les [pommes anglaises, les fraises, les cerises, les abricots, les prunes, les pêches et raisins. *Variation de sirops* pour les siroper.

Kouques.

Navette en brioche, la fourrer au foie gras ou au beurre salé. Four chaud. L'on en tire 15 au 1/2 kilo.

Tartines Véry.

Remplissez un moule à rigole de Manqué; une fois cuit, vous coupez des tranches rondes, vous les tartinez avec une crème à 125 gr. de beurre fin, travaillé avec 60 gr. de sucre glacé et crème de lait. Il y en a qui les collent et d'autres non, vanille. Ce gâteau se sert pour soirées.

Biscottes.

125 gr. de sucre travaillé avec 3 jaunes comme la madeleine, y couler les blancs, puis 100 gr. crème d'amandes, menthe, 125 gr. farine, 125 gr. de beurre fondu; moule carré, four moyen. Sitôt cuités, on les coupe et on les remet sécher au four en les retournant.

Génoise reine.

Même pâte que la biscotte et même moule. En sortant du four, on la glace au rhum et on la coupe.

Narbonnaises.

125 gr. de sucre travaillé avec 4 jaunes, y couler les blancs; 30 gr. de poudre d'amandes, 125 gr. de farine, vanille, puis 125 gr. de beurre fondu. Le mettre dans des moules ronds très-creux. Semer des amandes

hachées fines dessus et poudrez. L'on trempe son doigt dans l'eau et on le plonge au milieu de la pâte. Four moyen et entr'ouvert.

Palmiers.

Faites du feuilletage, donnez-lui 4 tours, après cela, vous lui donnez 4 tours au sucre bien mince ; doublez-les en 4 et coupez-les. Cuire à four chaud ; les distancer pour qu'ils ne se touchent pas. On les glace.

Gougères.

Pâte à choux un peu dure, y mettre 30 gr. de gruyère par 125 gr. de pâte à choux. Dresser en couronne. (Voir pâte à choux, four uu peu chaud).

Nougat de pommes.

Faire une bande en pâte à foncer, relever les bords, mettre de la pomme au fond, puis faites un appareil à 30 gr. de sucre, 1/2 blanc d'œuf, 30 gr. amandes hachées, 30 gr. Corinthe, vanille ; si c'est dur, l'on remet du blanc, garnissez, égalisez et poudrez. Four un peu chaud. Les couper en sortant du four.

Diplomates crême.

Moules creux et ronds, foncez-les en pâte sucrée, fruits hachées et abricot au fond ; crème à dariole dessus ; four moyen. Les glacer vanille. Boucher les trous avec de l'abricot. On peut les garnir avec de la crème à choux.

Nougat pistache.

Découpez des ronds en pâte sucrée, mettez un pralin sec autour. Mettez-les à sécher. On les cuit à four chaud, puis, l'on [met au milieu un bon morceau d'abricot, on le glace au rhum et pistaches hachées dessus. Ne glacer que le milieu.

Beignets de Berlin.

Pelez des pommes, coupez-les en tranches, videlez le milieu, passez-les au sucre et au rhum, faites une abbesse plus grande que les petits pâtés, mettez une tranche au milieu, garnissez le trou d'abricot, couvrez de feuilletage entier, on appuie dessus et on le glace au four. 15 cent.

Gâteaux de Bar.

Découpez des ronds de génoise, creusez le milieu, faites un cordon
en glace autour, que vous appuyez sur le petit sucre, puis vous le garnissez aux groseilles de Bar. L'on en fait aux roses et aux blanches.

Croquettes de riz.

Foncez une petite caisse, mettez de l'abricot au fond, et la garnissez
de riz à la vanille. Four chaud. On le glace à la vanille sitôt abricoté,
puis on le découpe. (Voir gâteau de riz.)

Cauchoises.

Foncez un moule à tartelette, avec de la pâte sucrée cannelée. Mettez un bon morceau d'abricot au fond, puis vous mettez une petite ro-
sette ronde percée au milieu sur l'abricot. Four moyen, sitôt cuit, vous
coulez au cornet une glace au rhum sur l'espace où est l'abricot, et
dans le trou.

La Poire.

Foncez et garnissez de crème d'amandes un moule rond, cuisez-le,
sitôt cuit, l'on y fait dessus une poire en meringue italienne que l'on
glace vanille, rouge ou chocolat, queue en angélique.

Pains anglais.

125 gr. d'amandes pilées avec 2 œufs, y ajouter 125 gr. de beurre
fin, vanille, 125 gr. de sucre, 125 gr. de farine. Bien les travailler. On
les dresse en navette, on les fend et on les dore bien, Cuire sur plaque
beurrée, éloignés l'un de l'autre. Four chaud, gommer; plaques doublées. Travailler le tout au mortier.

Fankougues.

Etendez de la pâte à brioche au rouleau, coupez des abesses comme
pour les petits pâtés, mettez de l'abricot au milieu. Mouillez et appuyez
dessus, levez sur un linge fariné, puis on les jette dans une friture au
beurre. Poudrez dessus. Il y en a qui les trempent au sirop de punch.

Cornets à Chantilly.

125 gr. de sucre, 90 gr. de farine, 30 gr. amandes pilées aux blancs,
vanille ; mouiller avec 2 ou trois blancs, pâte molle ; coucher rond sur

une plaque beurrée, cuire four chaud ; sitôt cuit, les rouler en cornets ; on les garnit avec une crème à Chantilly.

Massepains grillés.

125 gr. d'amandes et 3 écorces d'orangeat pilées avec 3 blancs d'œufs, ajoutez-y 375 gr. de sucre, piler cela comme il faut ; après ça vous les dressez en navette sur plaque beurrée et farinée, vous y mettez dessus des amandes effilées, que vous avez mouillé aux blancs, et très-peu sucré ; four moyen.

Croissants.

Même pâte que les massepains grillés, on les dresse en croissant, et amandes effilées dessus. En les sortant du four l'on y coule une glace vanille un peu épaisse dessus. Four moyen.

Sandwisch.

Faites des tranches carrées en pain de seigle ou de gruau, fourrez-les au foie gras, au beurre salé ou jambon, collez-les et coupez les 4 coins. Pour soirée, 20 cent.

Milliassons du Bigorre.

100 gr. farine de petit millet, 200 gr. de sucre ; mêler cela avec 4 œufs, 2 zestes de citron, y verser dessus 3/4 litre de lait bouillant, en bien remuant ; on remplit des moules à riz bien beurrés avec, et on les cuit à four très-chaud. C'est un gâteau délicieux, il se fait à Toulouse et à Bordeaux.

L'Émir.

Moules creux, foncés, les garnir en crème d'amandes, au beurre, et les glacer au rhum. Four moyen, raisins au fond.

Canastrelles de Turin.

500 gr. de farine sur le tour, 180 gr. beurre, 180 gr. de sucre, 2 œufs, 100 gr. chocolat fondu à l'eau ; pétrir le tout ensemble, étendus au rouleau, coupés ovales, cuits dans des fers sur le feu ; les couper un peu épais, vanille dans la pâte.

Délices de Madrid.

500 gr. de farine, 300 gr. de beurre, 125 gr. sucre, 4 œufs, amandes amères écrasées ; pétrir le tout sur le tour, étendus au rouleau, coupés ronds, cuits dans des fers ; les coller deux à deux avec de l'abricot et mettre du casson autour. Que les fers soient dessinés.

Gâteaux en choux.

Il y a les éclairs café, au chocolat, à la vanille et à la pistache ; les choux crème, choux glacés, les éclairs vanille poudrés ; choux grillés, pains de la Mecque et 7 ou 8 autres sortes ; l'on fait même des rognons chocolat en pâte à choux.

Plum-Cake.

Moules à darioles, entourés de papier ; l'on travaille 125 gr. de beurre avec 3 œufs, puis 125 gr. de sucre, rhum, 60 gr. de corinthe, 125 gr. de farine ; four moyen. En sortant du four, l'on coupe le papier autour et on glace le dessus au rhum, fondant.

Cakes.

125 gr. de beurre travaillé avec 4 œufs, rhum, 125 gr. de sucre, 60 gr. corinthe, 125 gr. de farine. Moules creux à tartelettes ; les cuire à four moyen. On peut les glacer au rhum clair si l'on veut.

Financières.

125 gr. d'amandes et 250 gr. de sucre pilés et passés au tamis, mettre dans une terrine, vanille, les travailler avec 6 blancs d'œufs, 125 gr. de fécule, 125 gr. de beurre fondu ; les coucher dans des petits moules à savarin non percés ; four chaud, glacer vanille, abricot dans le milieu.

Gâteaux marrons.

Moule à bateau foncé, en pâte sucrée, les cuire aux noyaux, piler des débris de marrons au lait, les garnir à ras avec, puis les meringuer par dessus, et poudrer ; four moyen.

Fourré de Brioches.

Faites une bande de brioches avec de l'abricot dessus, cuisez-là ;

sitôt cuite, coulez-y dessus une crème fine à choux et des pistaches hachées. Que la crème soit bien chaude. Coupez sitôt froide.

Pommes de terre.

Coupez des petits carrés d'amboisie (voyez amboisie), étendez de la bonne pâte d'amande au rouleau, vanillée, coupez-en des carrés, abricotez-les, tortillez votre morceau d'amboisie avec, puis vous abricotez légèrement vos pommes et les roulez dans du chocolat râpé. L'on fait des trous avec une allumette. Donner la forme voulue de pomme de terre.

Pondichéry.

Faites 2 bandes pâte sucrée, cuisez-les tendre, fourrez-les d'une pâte d'amandes aux pistaches, vanillée, un peu mollette, égalisez, puis vous pranilez le dessus finement, vous le poudrez et faites des losanges en appuyant le couteau; l'on marque la bande pour la couper en sortant du four; la laisser deux ou trois minutes. L'on en fait des gros.

Abricots.

Moule rond foncé et garni de crème d'amandes; sitôt cuit, l'on y fait au milieu un abricot en meringue italienne, que l'on glace au rhum, puis l'on glace le tour à la pistache.

Diplôme.

30 gr. amandes amères pilées avec un blanc, 500 gr. de sucre travaillé avec 8 blancs et les amandes, puis 180 gr. de farine, 180 gr. de beurre fondu, vanille. Moules ronds creux foncés, pâte sucrée et abricot au fond, garnir avec; four chaud, glacer vanille.

Caisse de marrons.

500 gr. de débris de marrons, les piler au lait, travailler 250 gr. de sucre avec 6 jaunes, puis les marrons, 125 gr. farine, 125 gr. beurre fondu, vanille, 6 blancs montés. Four moyen, cuire dans une caisse, glacer vanille et découper à plusieurs formes.

Pâtés d'huîtres.

Moule à mirliton, foncé à l'emporte-pièce, cannelé; ayez des belles huîtres cuites, roulez-les dans du blanc de sauce, garnissez avec, puis un morceau de beurre et de la panure dessus. Four chaud, champignons dedans.

Friandes.

Faites des biscuits à la cuillère, semez-y dessus des amandes hachées et poudrez-les. Lorsqu'ils sont cuits, on les garnit dessous en dos d'âne avec une crème à moka, et l'on glace à la pistache.

Bouchées pistache.

Biscuit à 16 œufs, les dresser en long, forme meringue, les creuser dedans. Crème pistache, bien les garnir. Les coller, abricoter. Glacer pistache.

Bouchées chocolat.

Même biscuit. Les dresser rondes, creuser, crème chocolat dedans. Les coller et glacer chocolat.

Boucheés framboise.

La bouchée framboise se dresse ronde. On la creuse, l'on met de la framboise à la place et glacer framboise.

Rognons.

Dresser en forme de rognons en biscuit, crème, vanille dedans. Glacer vanille ou chocolat. Point rouge au milieu ou blanc.

Gâteaux en biscuit.

L'on fait aussi des bouchées café et vanille, des poires doubles dressées en virgule, des 3 points doubles, des friandes au rhum, etc.

Fanchonettes.

Moule à mirliton foncé et garni de frangipane. Sitôt cuit, on le meringue à plat ou en poire, on le décore, on le poudre et on le passe au four. Décorer à la groseille en sortant.

Petits moka.

Faire une caisse en biscuit, la fourrer de crème, les couper carrés ou losanges, les masquer à la crème et les décorer, l'on fait aussi des petits quillets.

Gâteaux avec les entremets foncés.

L'on fait des petits gâteaux, ce que l'on appelle riches, avec les pâtes que voici : foncez des petites caisses à jujubes, en pâte sucrée. On n'a qu'à demander ces caisses au premier mouliste venu. Vous y couchez les entremets dont les noms suivent : Le Mexicain, le Gibraltar, le Lincoln, le Lauriston, le Lavallière, le Franklin, le Richebourg, le Prince de Galles, le Friaul, le Toulousain, le Monte Christo, le Martinique, le Jamaïque, le Constantin. On les découpe de toutes les formes une fois glacé. (Voir les recettes).

Gâteaux avec les entremets non foncés.

Ceux-ci ne se foncent pas, l'on beurre sa caisse à jujube et l'on y coule dedans les entremets que voici : le Lacam, l'Anacréon, le Bataclan, le Circacien, le Financier, le Mousse-Orange. On les glace selon la recette et on les coupe à volonté. (Voir les recettes).

Gâteaux en génoise.

L'on fait de la bonne génoise à froid. Une fois cuite, on la glace de différentes couleurs et on la fourre. On la glace à volonté. Découper de même.

Glaces pour gâteaux.

Il y a le fondant. La glace au souflé, la glace tiède, la glace froide, la glace froide claire, puis le fondant au chocolat, et le cassé.

GATEAUX SECS

Suédois.

500 gr. de glace que vous travaillez dur avec 2 blancs et jus de citron. Quand c'est bien pris, l'on y ajoute 500 gr. d'amandes effilées, pâte dure. Les dresser en croissant sur papier et cuire. Four doux.

Croquets de Paris.

500 gr. de farine sur le tour, faire un trou. 250 gr. d'amandes non blanchies, 250 gr. de sucre, 4 œufs, eau d'oranger, pétrir le tout. L'on en fait 2 bandes que l'on dresse carrément. Bien les dorer et les rayer. Four chaud. En sortant du four on les coupe.

Croquets de Nantes.

500 gr. de farine sur le tour, 500 gr. de sucre, 500 gr. d'amandes blanchies, 6 blancs d'œufs. Les dresser en bande très-dure, les couper en tranche. On les dore après. Ne les cuire que le lendemain à four un peu chaud.

Croquets de Bordeaux.

1 kil. de farine, 1 kil. de sucre, 750 gr. d'amandes, 5 œufs, eau d'oranger, 1 prise carbonate, les dresser dur en bande la veille. Le lendemain on les coupe et on les dore 2 fois. Four moyen.

Croquets de dames.

250 gr. de farine, faire une fontaine, y mettre 125 gr. de sucre, 125 gr. d'amandes blanchies et hachées fines, 125 gr. de beurre, 2 œufs,

rhum. Pétrir la pâte, on les roule en navettes, les dorer légèrement et les rouler dans le petit sucre. Cuire à four moitié chaud.

Pains de Marseille.

1 kil 1/2 de farine sur le tour, y mettre 250 gr. de sucre, 250 gr. de beurre, 8 œufs, sel, eau d'oranger, 1 roquille d'eau chaude et 500 gr. de levain de pain, l'on pétrit bien tout ensemble la veille et l'on remet à lever sur le four. Le lendemain l'on pèse 375 gr. de farine, 125 gr. sucre, 60 gr. de beurre, 2 œufs, l'on y verse sa pâte et l'on repétrit tout ensemble. Les dresser en navettes, les faire lever, les dorer, les fendre et les cuire à four chaud.

Espagnols.

500 gr. de sucre fouetté à froid avec 8 œufs, eau d'oranger, 500 gr. de farine. Les dresser rond sur une plaque beurrée et farinée, les poudrer avec des amandes hachées fines. Four moyen.

Parisiens.

Même pâte que les espagnols. Au lieu d'amandes, l'on met du casson dessus, four moyen. Les décoller sitôt cuit.

Biscuit d'amandes.

500 gr. de sucre battu sur le feu avec 8 œufs, citron, puis 500 gr. de farine, les dresser sur plaques beurrées et farinées, forme biscuit cuillère, amandes hachées dessus, les poudrer et cuire four moyen.

Pâte de Corinthe.

500 gr. de farine, 250 gr. de sucre, 250 gr. de beurre, rhum, 125 gr. de raisin, 3 œufs, découpés, ronds, cannelés, dorés au lait. Four chaud, gommés.

Palais vanille.

Travaillez à la spatule, 125 gr. de sucre avec 3 œufs, vanille. 125 gr.

de farine, dressez rond, cuire à four chaud. Glacés vanille. Cuire sur plaque. — 2 fr. les 500 gr.

Pains chinois.

1 kil. de farine, 625 gr. de sucre, 18 jaunes, 1 zeste citron, 200 gr. de beurre ; pétrir le tout, les dresser en forme de pilon, les dorer 2 fois. Four moyen, plaque beurrée.

Pains de Turin.

60 gr. amandes et 250 gr. de sucre, pilés et passés au tamis ; repiler la pâte avec un blanc d'œuf et du safran infusé, que la pâte soit comme du macaron. Dressez sur papier, gros comme une noix, et mouillez comme le macaron. Four moyen. — 3 fr.

Gâteaux d'orgeat.

250 gr. d'amandes pilées au lait, pas molles, mettez sur le tour 250 gr. de farine, 250 gr. de sucre, 250 gr. de beurre et vos amandes, pétrissez le tout et dressez à la seringue, douille à chemin de fer sur plaques, longueur de 10 cent. Four moyen. Sitôt cuits, on les abricote et on les glace.

Biscuits de mer.

8 œufs de sucre et 8 œufs de farine, fort, fouetter le tout ensemble avec les œufs. Quand c'est bien pris, on les couche sur des plaques beurrées et farinées. Forme ronde, cuire à four chaud.

Biscuits au citron.

1 kil. de sucre fouetté très-longtemps avec 14 œufs, 2 zestes de citron. Quand c'est bien pris, l'on y ajoute 1 kil. 125 gr. de farine, les dresser au sac, forme ronde, sur plaque beurrée et farinée. On les poudre dessus et on les appuie avec la glacière pour les aplatir. Les cuire le lendemain à four moyen, dresser au sac.

Biscuits russes.

Même pâte que les citrons : les dresser forme-biscuit cuillère, mettre du petit casson dessus ; les cuire le lendemain, four moyen, dresser au sac.

Gaufres pour soirées.

150 gr. de farine, 125 gr. de sucre, 2 œufs, eau d'oranger, du lait, travailler le tout, puis y mettre 30 gr. de beurre fondu ; pâte molle et claire, cuite dans des fers et tournée autour d'un bâton.

Gaufres allemandes.

Pilez 125 gr. d'amandes avec 5 blancs d'œufs, ajoutez-y 180 gr. de sucre et vanille, dressez-les sur plaques beurrées et farinées, quelques pistaches hachées dessus ; four moyen. Sitôt cuit, on les double sur un rouleau.

Pains d'Italie.

750 gr. de farine, 100 gr. de sucre, 100 gr. de beurre, 5 à 6 œufs, eau d'oranger, 375 gr. levain de pain ; bien pétrir ensemble et fraser 3 fois ; mettez le lever sur le four. Le lendemain, vous repesez la même dose ; hors le levain, vous mettez votre pâte dedans et repétrissez, puis vous les dressez en navette à 2 têtes, faites lever, coupez et dorez. Cuire à four chaud.

Gâteau punch.

500 gr. de farine, 375 gr. de sucre, 375 gr. de beurre, 2 œufs, du rhum. Ne pas la brûler en la pétrissant ; les découper rond, dorés aux jaunes 2 fois ; four moitié chaud. Les éloigner l'un de l'autre, vu qu'ils travaillent.

Tresses.

500 gr. de farine, 250 gr. de sucre, 125 gr. de beurre, 1 zeste citron, 3 œufs, dressés en tresse, dorés légèrement et appuyés sur du petit casson. Four chaud.

Nattes.

500 gr. de farine, 250 gr. de glace, 9 jaunes, 60 gr. beurre, eau

d'oranger; les dresser en nattes sur plaques beurrées, dorer 2 fois aux jaunes. Four chaud. Gommées. Plaques doublées.

Croquant chocolat.

250 gr. d'amandes et 750 gr. de sucre, pilés et passés au tamis, les mouiller avec 4 ou 5 blancs d'œufs. Bien les travailler au pilon, puis y ajouter 200 gr. chocolat fondu. Pâte à pouvoir rouler en navette dans la main ; les rouler dans du petit sucre, plaques beurrées, four doux.— Les dresser petites.

Croquant vanille.

250 gr. d'amandes pilées et passées au tamis avec 1 kil. de sucre, vanille ; bien les piler au mortier avec 4 ou 5 blancs, les rouler en toute petite navette dans la main, mouiller, les jeter sur du petit casson, les rouler dedans et les cuire à four doux, très-doux et ouvert un peu.

Navettes d'Orléans.

375 gr. de farine, 300 gr. de sucre, 3 œufs, 60 gr. de beurre, eau d'oranger, 1 prise carbonate, dorés 2 fois et fendu. Four un peu chaud, plaques beurrées ; les dresser en navettes.

Biscuits de Paimbeuf.

500 gr. de farine, 125 gr. de beurre, sel, 30 gr. de sucre, les pétrir au lait, bien travailler la pâte, les mouler ronds, les aplatir et les piquer gentiment ; cuire à four chaud, dorés au lait, pâte pas trop dure, 36 à la dose, frasés 2 fois.

Biscuits de Nantes, au beurre.

500 gr. de farine, 180 gr. de beurre, 30 gr. de sucre, sel, les pétrir au lait, pâte moitié dure, frasés 2 fois, moulés ronds, appuyés et dorés deux fois, les piquer ; four chaud, 36 au 1/2 kil.

Macarons mous.

500 gr. d'amandes fraîches, pilées avec 4 blancs d'œufs, et autant

de lait, que l'on mesure, vanille, bien les piler ; l'on y ajoute 500 gr. de glace ; pâte un peu molle, couchée sur papier et poudrée ; four chaud, dresser au sac. Il y en a qui les collent, une fois cuits. 3 fr.

Macarons demi-mou.

500 gr. d'amandes fraîches, les piler avec 7 ou 8 blancs d'œufs, vanille, y ajouter 750 gr. de sucre ; bien les travailler ; cuire sur papier, à four moyen. 3 fr.

Macarons ordinaires.

500 gr. amandes fraîches, les piller avec 6 blancs d'œufs, puis y ajouter en 2 fois 1 kil. de sucre ; bien les travailler. L'on y ajoute 2 ou 3 blancs montés, couchés sur papier ; four moyen, vanille. 3 fr.

Macarons secs.

500 gr. d'amandes et 1 kil. 1/2 de sucre, pilés et passés au tamis ; les mouiller avec 8 ou 9 blancs d'œufs, un peu de rhum ; bien les piler ; pâte un peu dure. Dresser à la main sur plaques beurrées et farinées ; four doux. Les mouiller. 3 fr.

Macarons mous chocolat.

500 gr. d'amandes fraîches, les piler avec 8 blancs, y ajouter 750 gr. de sucre ; bien travailler, puis 250 gr. chocolat fondu, plaques beurrées et farinées, cuits à four moyen, petit casson dessus. 3 fr. les 500 gr.

Macarons chocolat, ordinaires.

500 gr. d'amandes et 1 kil. de sucre, pilés et passés au tamis, les mouiller avec 7 ou 8 blancs, bien les piler, après cela, l'on y ajoute 250 gr. de chocolat fondu, les dresser sur plaque beurrée et farinée, roulés dans la main, l'on ne met pas de casson, four doux. L'on fait des macarons avec la même dose, sans chocolat, 3 fr.

Macarons amers.

500 gr. d'amandes, moitié douces, moitié amères, les piler et passer au tamis avec 1 kil. de sucre, bien les piler, puis les mouiller avec 7 ou 8 blancs, four moyen, cuits sur plaques, dressés ovales, 3 fr.

Macarons noisettes.

250 gr. de noisettes non grillées, les piler avec 5 ou 6 blancs, puis y ajouter 625 gr. de sucre, bien les travailler, dressés sur plaque, les mouiller au pinceau, les cuir tendre, four moyen, 3 fr. au sac.

Macarons d'Italie ou rochers.

500 gr. de sucre remué sur le feu, avec 12 blancs d'œufs, feu doux, les remuer jusqu'à ce qu'ils soient cuits au soufflé, après cela l'on y ajoute 375 gr. d'amandes hachées, vanille, dresser ronds sur papier, cuir à four doux, les gommer, 10 cent., 3 fr. les 500 g.

Macarons de Niort.

375 gr. d'amandes et 500 gr. de sucre pilés et passés au tamis, bien les piler avec 5 ou 6 blancs d'œufs, les chauffer sur le feu jusqu'à ce que l'on ne puisse y tenir le doigt, alors l'on y met 125 gr. d'angélique hachée finement. Couchez sur papier, petit sucre dessus, four moyen, 3 fr.

Macarons aux Framboises.

500 gr. d'amandes et 1 kil. de sucre, pilés et passés au tamis, bien les piler avec 7 ou 8 blancs d'œufs, 1 verre d'esprit de framboise, carmin rouge, dressés ovales à la seringue sur plaque beurrée et farinée, les mouiller et cuir à four moyen, 3 fr.

Rochers blancs.

500 gr. de glace, battue sur le feu avec 8 blancs d'œufs, comme

l'italienne, vanille, 375 gr. d'amandes hachées, les dresser ronds à la cuillère, sur plaque beurrée et farinée, four doux et ouvert, 3 fr.

Rochers roses.

On les fait de la même manière, seulement l'on y ajoute de l'esprit de fraise ou de framboise, carmin rose, 3 fr.

Rochers chocolat.

C'est la même dose que les blancs. Quand c'est bien battu, l'on y ajoute 125 gr. de chocolat par 500 gr. de sucre, et vanille, 3 fr.

Esses vanille.

250 gr. d'amandes et 750 gr. de sucre, pilés et passés au tamis, les repiler avec 5 blancs d'œufs, vanille, après ça, on les fait chauffer sur le feu, et on les dresse au sac, douille à étoile, forme d'S sur plaque beurrée. Ne les cuire que le lendemain à four moyen, les gommer.

Esses chocolat.

C'est la même recette que les esses vanille. Quand la pâte est chaude, l'on y verse 125 gr. de chocolat fondu, par dose, four moyen.

Petits pains.

500 gr. de farine, 250 gr. de glace, 180 gr. d'amandes en poudre, 125 gr. beurre, 10 jaunes, citron, dressés en navette, cuire le lendemain à four chaud, dorés deux fois et fendus.

Pains anglais.

500 gr. de farine, 375 gr. de glace, 125 gr. de beurre, 9 jaunes, kirsch. Bien pétrir la pâte, les rouler en navette, dorés 2 fois, cuire le lendemain à four chaud, les fendre.

Croix anglaises.

Même pâte que les pains anglais. L'on fait une boule, où l'on met des fruits hachés dedans, que l'on cache. On les appuie pour les aplatir, on les dore 2 fois, le lendemain, avant de les cuire, l'on y fait une croix dessus, cela fait ressortir les fruits ; four chaud.

Biscottes de Nantes.

500 gr. farine, 250 gr. de glace, 60 gr. de beurre, 9 jaunes, les dresser en navette, les dorer 2 fois. Le lendemain on les fend et on les cuit à four chaud ; eau d'oranger, plaques beurrées.

Bâtons et ronds vanille.

500 gr. d'amandes et 2 kil. de sucre, pilés et passés au tamis, les piler très-dur aux blancs d'œufs, vanille, belle pâte, les étendre au rouleau, glace royale dessus, coupés en bâton de 2 centimètres de large sur 10 centimètres de long. L'on fait des ronds avec four doux, sur plaque beurrée, on peut les faire à 500 g. d'amandes et 1 kilog. 500 de sucre.

Bordelaises.

Même pâte que les bâtons vanille. L'on y ajoute 250 gr. de chocolat, fondu par dose. Les glacer à une glace royale au chocolat, coupés comme les bâtons vanille. L'on fait des croissants avec.

Biscuits anglais.

500 gr. de sucre, travaillé à la spatule avec 8 œufs, puis 180 gr. angélique hachée, 180 gr. de corinthe, 180 gr. de farine, 180 gr. beurre fondu, rhum, les cuire dans des petits moules à biscuits ; four moyen.

Flûtes de Gand.

500 gr. de farine, 300 gr. de sucre, 300 gr. de beurre, 2 œufs, rhum 1 prise, dressés en forme de quille, les dorer 2 fois, l'on appuie une allumette tout le long, genre de rayage. Four un peu chaud, plaques beurrées.

Américaines.

500 gr. de farine, 180 gr. de glace, 180 gr. de beurre, 2 jaunes,

anisette et du lait, faire une pâte ferme, on l'étend au rouleau, et on l'imprime avec des bouchons dissinés, l'on en fait des ronds et des ovales. Four chaud; les gommer en sortant du four, pas dorer.

Tranches à l'Orange.

Découpez de la pâte à thé avec un emporte-pièce uni ovale, dorez-la 2 fois, et mettez une tranche ronde d'écorce d'orange dessus. Four chaud.

Petits Nantes.

Faire de la pâte à 500 gr. de farine, 250 gr. de sucre, 250 gr. de beurre, des fruits hachés, 3 œufs, découpez-en des ronds et des ovales que vous pincez autour à la pince ou à la main, pralin sec au milieu; four chaud, les dorer.

Croquets-Amandes.

500 gr. de farine, 250 gr. de sucre, 250 gr. de beurre, 3 œufs, rhum, 1 prise; on étend une bande au rouleau, on la dore, on met des amandes hachées dessus: four un peu chaud; on les coupe comme les bâtons vanille. En sortant du four, l'on y passe un pinceau de glace au rhum dessus.

Alsaciens.

500 gr. de farine, 375 gr. de glace, rhum, 125 gr. de beurre, 10 à 12 jaunes dressés à la seringue mécanique, douille à trèfle, 8 centimètres de long; four pas trop chaud; gommer.

Bartavelles.

190 gr. d'amandes pilées avec 1 kil. de glace, et passées au tamis; vanille; les piler avec 4 blancs et bien les travailler. On les dresse à la seringue, douille à rosace, forme d'esse; cuire à four doux, plaques beurrées.

Milanaises.

500 gr. de farine, 375 gr. de sucre, 250 gr. de beurre, 3 œufs, rhum,

125 gr. corinthe ; pétrir le tout, abricoter en sortant du four et glacer au rhum clair; découper à l'emporte-pièce cannelé, pas le dorer, four chaud.

Briords.

Faites un fond ovale uni en pâte à thé, dorez-le, puis mettez dessus un tout petit pain anglais, que vous dorez bien deux fois ; le fendre avant de le mettre au four (voyez Pain anglais).

Tranches perlées.

Faites une caisse de manqué ; le lendemain, vous la coupez en tranche très-mince. L'on fait un pralin très-clair d'amandes hachées à l'eau, l'on en met dessus, et on les passe au four chaud, poudrées.

Pains d'Angélique.

125 gr. d'amandes pilées avec 3 blancs d'œufs, vanille ; vous y ajoutez 375 gr. de sucre ; bien les travailler. L'on couche cette pâte d'amandes sur des hosties larges de 8 centimètres. Quand c'est bien aplani, l'on y sème du casson dessus, on les coupe comme les bâtons vanille, et l'on met 3 morceaux d'angélique en travers sur chaque ; four moyen.

Massepains russes.

375 gr. de sucre, 90 gr. de farine ; travaillez un peu avec 8 ou 9 blancs d'œufs ; ajoutez-y 375 gr. d'amandes hachées et 8 écorces d'orange hachées très-fines ; on les dresse à la cuillère, sur plaques beurrées et farinées, forme ronde ; four un peu chaud. L'on met un essai au four, les décoller sitôt cuits.

Biscuits à Thé.

180 gr. d'amandes pilées avec 4 ou 5 blancs d'œufs, vanille; y ajouter 300 gr. de sucre. L'on fait deux bandes en pâte sucrée, l'on arrange l'appareil dessus, pas trop épais, on le poudre bien, et l'on fait des losanges en appuyant avec le dos du couteau ; four un peu chaud ; les couper sitôt cuits.

Chapeaux.

Coupez de la pâte à thé à l'emporte-pièce cannelé, mettez-y du macaron ordinaire au milieu, relevez les trois côtés ; que cela forme chapeau de curé ; four chaud.

Rochers-Pignons.

500 gr. de glace fouettée sur le feu, avec 8 blancs d'œufs, vanille. Quand c'est bien pris, l'on y ajoute 375 gr. de pignons hachés, dressés sur plaque beurrée et farinée ; petite forme de meringue ; four doux et ouvert, 3 fr.

Croquets glacés.

375 gr. de farine sur le tour, 625 gr. de sucre, 375 gr. d'amandes blanchies, 4 ou 5 blancs d'œufs, vanille, pâte dure, dressés en bande mince, glacés à la glace royale et coupés. Four doux, sur plaque beurrée.

Grissini.

500 gr. de farine, 200 gr. de sucre, 3 œufs et du lait, eau d'oranger, 1 prise [carbonate, dressés en petit bâton, dorés ; cuire à four chaud.

Couronnes Chocolat et Vanille.

250 gr. d'amandes, les piler avec 5 blancs, y ajouter 750 gr. de sucre, vanille ; la chauffer sur le feu, puis on dresse sur plaque beurrée des couronnes à la poche, douille à étoile ; celles au chocolat, l'on y met 125 gr. de chocolat fondu ; les cuire le lendemain à four moyen, les gommer.

Gâteaux secs (riches).

1 kil. de farine, 750 gr. de beurre, 500 gr. de sucre, 500 gr. d'amandes pilées avec 5 œufs et 1 verre de rhum. Pétrir le tout avec 5 œufs. L'on détaille cette pâte de plusieurs façons pour gâteaux secs ;

l'on en fait aussi des petits fours à thé. Bien les dorer, cuire à four chaud.

Cassonnés.

250 gr. de farine, 250 gr. de sucre, 4 jaunes, 2 œufs, vanille ; mêler le tout, les coucher rond sur plaque beurrée et farinée ; mettre du tout petit casson dessus ; four moyen, 2 fr.

Pistachés.

C'est la même recette que les cassonnés ; au lieu de vanille, l'on met de l'anisette, puis des pistaches hachées fines dessus ; four moyen, 2 fr.

Anglais au Rhum.

500 gr. de farine, 250 gr. de sucre, 180 gr. de beurre, rhum, 125 gr. de corinthe ; 3 œufs coupés ronds, bien les dorer, puis l'on enfonce un grain de malaga au milieu ; four chaud ; gommer.

Petits Croissants.

250 gr. d'amandes pilées avec 5 blancs d'œufs, vanille, 375 gr. de sucre ; bien les piler. On les dresse en croissants, les mouiller, puis on les roule dans des amandes hachées ou effilées ; cuire four doux. L'on y passe un pinceau de glace au rhum en sortant du four ; cuits sur papier, 3 fr.

Biscuits de Reims.

500 gr. de sucre battu sur le feu avec 10 œufs, 4 gr. carbonate, vanille, puis 500 gr. de farine. Four un peu chaud. On les dresse au sac dans des moules bien beurrés et glacés. On les sucre dessus et on les glace ; vanille en sortant du four (voir appareil pour beurrer les biscuits de Reims).

Biscuit plat.

500 gr. de sucre travaillé avec 16 jaunes, vanille ; y ajouter 500 gr.

farine et fécule, 16 blancs montés, moules à brioche, génoise et génoise canelée. Pour moka et biscuit meringué, four moyen.

Biscuit cuillère.

500 gr. de sucre travaillé avec 16 jaunes, vanille, 500 gr. farine, 16 blancs montés, dressés sur papier ; les sucrer 2 fois au tamis. Four un peu chaud, 2 f. 50.

Biscuit cuillère délicat.

Tamisez 375 gr. de sucre, 375 gr. de farine ensemble, clarifiez 35 œufs, délayez les jaunes avec un moule à baba, eau d'oranger. Prenez les blancs avec de la gomme adragante. Quand ils sont bien pris, on ne fait que mêler le sucre et la farine aux jaunes, et l'on verse le tout sur les blancs. Bien mêler. Couchez-les sur des cartons, si vous en avez, ou sur du papier. Les sucrer 2 fois. Cuire à un four un peu chaud. Ce biscuit est bon et a de l'œil.

Langues de chat extra.

250 gr. de beurre en crème, le travailler avec 500 gr. de sucre, vanille et 10 blancs, un peu de lait ; puis mettez 300 gr. de gruau couchés sur des plaques non beurrées. Four un peu chaud. Les décoller sitôt cuites, 3 fr.

Langues de chat ordinaires.

250 gr. de beurre travaillé avec 6 blancs, 250 gr. de sucre, vanille. Bien travailler le tout en mettant les blancs, et puis 180 gr. de farine. Plaques beurrées, légèrement farinées. Four moyen, 3 fr.

Langues à la crème.

500 gr. de sucre battu avec 3 moules à baba de crème vanille, 300 gr. de farine, 10 blancs montés, plaques cirées à la cire. Four moyen, 3 fr.

Langues sèches.

250 gr. de sucre travaillé à la spatule avec 4 œufs, cognac, 250 gr.

de farine. Plaques beurrées, four chaud. Ces langues se font l'été, vu
le beurre qui prend mauvais goût, 3 fr.

Palais de dames.

250 gr. de beurre battu avec 4 œufs entiers, rhum, 250 gr. de sucre.
Bien travailler. 250 gr. de farine. Dressés rond à la poche sur papier.
Four moyen, 3 fr.

Palais raisin.

Même recette et même forme. On y met 125 gr. de corinthe à la dose,
3 fr.

Flamandes.

250 gr. de sucre, 250 gr. de farine, 1 œuf, 3 blancs, cognac. Mêler
le tout. Coucher petite forme de biscuit cuillère sur plaque beurrée et
farinée. On y met de la poudre d'amandes dessus. Four un peu chaud,
3 fr.

Fondants.

250 gr. de sucre, 2 œufs, 8 cuillerées de crème vanille, 250 gr. de
gruau. Mêler le tout. Coucher rond sur plaque, amandes hachées dessus et poudrez. Four moyen, 3 fr.

Biscuit chocolat.

500 gr. de glace battue sur le feu avec 8 blancs, vanille. Quand c'est
bien monté, on y ajoute 200 gr. chocolat fondu. On les dresse au sac
sur des plaques beurrées et farinées. Douille à biscuit cuillère, forme
longue. Four très doux et ouvert. 3 fr.

Biscuit à la vanille.

500 gr. de glace battue sur le feu avec 8 blancs, vanille. Quand c'est
pris, on le dresse à la poche. Même forme, four doux. 3 fr.

Biscuit framboise.

500 gr. de glace battue avec 8 blancs sur le feu. Quand c'est bien

7

pris, on y ajoute de l'esprit de framboise et carmin rose. On les dresse longues. Petit casson dessus. Même four. 3 fr.

Patiences.

Prenez 9 blancs aux 3/4, mêlez-y 500 gr. de sucre, eau d'oranger. Bien mêler, puis 500 gr. de farine. Plaques beurrées. Les coucher comme les croquignoles. On les cuit sitôt faites à four chaud, comme les copeaux.

Copeaux ou rubans.

Prenez 9 blancs aux 3/4, mêlez-y 500 gr. de sucre, eau d'oranger. Bien mêler, puis 500 gr. de farine. Les coucher longs sur des plaques beurrées. Cuire à four chaud. Les tortiller autour d'un bâton en forme de tire-bouchon. 3 fr.

Croquignoles.

8 blancs montés bien fermes, y mettre 625 gr. de glace, vanille et 500 gr. de gruau. Dressez sur plaque beurrée légèrement. Etuver 12 heures. Cuire à four moyen 3 fr.

Meringues café.

Travaillez 250 gr. de glace avec de l'essence de café Trablit, puis vous prenez 6 blancs bien fermes. Mêlez-y 500 gr. de glace et puis celle que vous avez travaillée avec de l'essence. Pas les ramollir. Les dresser un petit peu ovales sur papier et planches mouillées. Cuire à four moyen et ouvert. Dresser au sac. 3 fr.

Meringues framboise.

Travaillez très peu 250 gr. de glace avec de l'esprit de framboise et carmin rose, un peu molle. Prenez 6 blancs bien fermes, mêlez-y 500 gr. de glace et celle que vous avez travaillée avec l'esprit de framboise. Les dresser ovales sur planche et papier mouillé. Four moyen et ouvert. 3 fr.

Meringues anglaises.

500 gr. de sucre cuit au cassé que vous versez sur 6 blancs bien fermes, vanille. En fouettant vivement, que la pâte soit bien ferme. Les dresser à la douille en petit four et gâteaux secs. On varie les dessins et les couleurs à volonté. Cuire à four ouvert sur plaque farinée. 3 fr.

Meringues Italienne.s

Battez 500 gr. de glace sur le feu, avec 8 blancs et vanille, prenez bien ferme, dressez sur papier et planches mouïllés, ou sur plaque farinée, four très doux, dessin à volonté. 3 fr.

Meringues Russes.

500 gr. de glace travaillée, avec 2 blancs d'œufs, comme pour décorer, citron, prenez 4 blancs bien fermes que vous mêlez avec, les dresser à des douilles gentilles pour petit-four, sécher sur le four deux heures sur papier et les passer à four ouvert. 3 fr.

Caisses de Meringues.

Faites de la bonne meringue à 7 œufs, vanillée, vous mettez 2 cerises confites dans chaque petite caisse en papier, puis vous y faites un tire-bouchon dessus en meringue, vous y semez des amandes hachées dessus et poudrez, four moyen. 3 fr.

Biscotins d'Aix.

Faites fondre dans un poëlon 250 gr. de sucre, avec un peu d'eau ; quand il est prêt à bouillir, vous les versez sur le tour où il y aura 375 gr. de farine et eau d'oranger, pâte un peu dure, la fraser 2 fois. On les moule dans les mains en petites boules et on les pose sur des plaques beurrées, on jette de l'eau dessus. Les cuire à four un peu chaud, les gommer. 2 fr.

Calissons d'Aix.

500 gr. d'amandes pilées au sirop de fruits bien fines, y ajouter

500 gr. de sucre Bourbon, les dessécher sur le feu, les coucher sur des hosties, les glacer à la glace royale et les découper ovales, four un peu chaud, pâte bien desséchée. 3 fr.

Macarons Saint-Émilion.

500 gr. d'amandes fraîches, pilées avec 8 blancs d'œufs, très fines, puis ajoutez-y 1 kil. 250 gr. de sucre, bien les travailler, puis on les met dans un poëlon, où il y aura 2 moules de lait, les dessécher sur le feu jusqu'à ce que l'on ne puisse plus tenir le doigt dedans, vanille, les laisser refroidir, puis les dresser sur papier et semer du casson dessus, four doux, les dresser à la cuillère. 3 fr.

Macarons à la Crème.

250 gr. d'amandes pilées à la crème de lait, vanille, et 500 gr. de sucre, pâte comme les macarons, les dresser dans des petites caisses de papier, cuire à four moyen, les glacer au fondant kirsch. 3 fr.

Macarons d'Hollande.

250 gr. d'amandes, pilées avec 6 ou 7 blancs d'œufs, vanille ; quand c'est pilé bien finement, vous y ajoutez 750 gr. de glace, vous les dressez ovales sur papier, les étuver 12 heures, cuire à four moyen, les fendre avant. 3 fr.

Hollandais Café.

Même pâte que les précédentes ; seulement, l'on pile 60 gr. de café en grain brûlé ; en pilant les amandes, bien piler le café, fendus le lendemain. 3 fr.

Hollandais Chocolat.

Même préparation que la vanille, l'on met 1 kil. de sucre et 125 gr. de chocolat sans sucre fondu, caramel étuvé et fendu. 3 fr.

Meringues Crème.

10 blancs montés bien fermes, 500 gr. de sucre, bien le mêler, les

dresser au sac sur papier, bien les sucrer et les cuire sur des planches mouillées, four un peu chaud. Il y a des maisons qui les font à 8 œufs sur plaque farinée. On les creuse avéc un œuf.

Biscuits à 5 et 10 centimes.

500 gr. de sucre, 20 œufs clarifiés, 500 gr. de farine, eau d'oranger, moules beurrés et glacés, sucrés dessus, cuire à four moyen, les dresser au sac ou à la cuillère.

Nougat de Montélimart.

1 kil. 1/2 de sucre et 1 kil. 1/2 de miel blanc cuit au cassé, vous faites cuire cela dans une petite bassine ; quand c'est cuit, vous y mêlez 15 blancs bien fermes, en remuant vivement. Lorsque c'est bien desséché sur un petit feu au petit boulet, vous y ajoutez 2 kil. 1/2 d'amandes émondées et chaudes, 500 gr. de pistaches, des pralines vanille, bien mêler et mettre à la presse, hostie dessous et dessus.

L'on remplace le miel par du sirop de blé ; il est plus blanc et aussi bon, ça coûte moins. 4 fr. le 1/2 kilo.

Andalouses.

Pilez 100 gr. d'amandes avec 2 blancs d'œufs, vanille, et y ajoutez 375 gr. de sucre à glace, bien piler, on les dresse en boule, l'on y met dedans 4 ou 5 grains de corinthe en les moulant, cuire sur plaque beurrée et farinée, four doux. L'on en fait des roses si l'on veut. 3 fr.

Noisettes Pralinées.

Prenez 250 grammes de belles noisettes, mettez-les dans un saladier, avec un blanc d'œuf et du carmin rose. remuez cela avec la main, vous mettez de la glace à mesure. Lorsque tout est bien sec, vous remettez un blanc, puis du sucre en poudre, jusqu'à une grosseur voulue. Quand elles sont bien lisses, vous les mettez sur des plaques beurrées et farinées, cuisez à four doux, elles s'ouvrent. 3 fr.

Pâte à Thé, grasse.

500 gr. de farine, 250 gr. de sucre, 250 gr. de beurre, 3 œufs,

rhum. L'on coupe cette pâte aux emporte-pièces variés et à la se ringue, l'on peut en faire beaucoup de sortes avec cette pâte-la, four chaud, et gommer. 2 fr.

Pâte à Thé anglaise.

500 gr. de farine, 375 gr. de glace, 125 gr. de beurre, 9 jaunes, 1 moule kirsch, four chaud, on les dresse à la main de plusieurs façons, on les dore 2 fois, les cuire le lendemain, les gommer. Cette pâte, sous quelle forme que ce soit, il faut la fendre avant de la cuire. Four pas trop chaud.

Pâte à thé américaine.

500 gr. de farine, 180 gr. de glace, 180 gr. de beurre, 2 jaunes, anisette, lait. Pétrir la pâte un peu dure. On fait toutes sortes de dessins avec. Etendue au rouleau. On l'imprime avec des bouchons variés, que l'on découpe aux emporte-pièces. On ne les dore pas si l'on veut. Four vif, gommer, 2 fr.

Pâte à thé napolitaine.

500 gr. de farine, 375 gr. poudre d'amandes autour de la farine, 375 gr. beurre, 375 gr. de sucre, 2 œufs, eau de noyau, sel. Ne pas brûler la pâte en la pétrissant. On en fait plusieurs sortes au rouleau avec. Cette pâte travaille un peu. Four pas trop chaud. Dorer deux fois et gommer, 2 fr.

Pâte à thé de Paris.

500 gr. de farine, 250 gr. de glace, 180 gr. d'amandes en poudre, 125 gr. beurre, 10 jaunes d'œufs, vanille. La cuire à four chaud et gommer. On en dresse au rouleau et à la main avec variation de fruits et de dessins. Dorer deux fois, 2 fr.

Grillades.

Faites griller 375 gr. d'amandes effilées au four, puis vous travaillez 500 gr. de glace avec 2 blancs, vanille. Quand c'est bien pris, vous mettez vos amandes, vous les dressez rond, forme de rocher, sur une petite abesse de pâte sucrée. Vous les cuisez à four moyen. Les gommer.

Tablettes d'Althéa.

30 gr. de gomme adragante que l'on met tremper 12 heures dans 1/2 litre eau d'oranger. La remuer deux ou trois fois. Le lendemain on la verse dans un mortier bien propre. On y met de la glace et on pile; on remet de la glace encore jusqu'à ce soit très dur. Bien la piler. On l'étend au rouleau cannelé, on la découpe à l'emporte-pièce ou douille à biscuit, et on met sécher sur du papier à l'étuve. On poudre le tout à mesure que l'on étend. On poudre le papier aussi. Les descendre au bout de deux jours, 4 fr. le 1/2 kilo.

Chapeaux à thé.

Faites des abesses à l'emporte-pièce cannelé, en pâte sucrée. Vous avez de la pâte à thé où vous aurez mêlé de la pâte d'amande, moitié de chaque. Garnissez votre abesse avec, et relevez les trois côtés. On les dore et du sucre dessus. Four chaud. Gommer, 2 fr.

Croquante pour pièce montée.

500 g. d'amandes et 500 gr. de sucre. Piler et passer au tamis. Bien les travailler au mortier avec des blancs d'œufs. Après cela, on y ajoute 500 gr. de glace. Pâte maniable. Cuire à four doux sur plaque beurrée et farinée. On fait toutes sortes de dessins avec aux emporte-pièces.

VINS FINS ROUGES et BLANCS

Malaga.

Prenez 16 bouteilles de bon vin blanc, 2 kil. de sucre en pain, 2 gros de cachou, 4 gros de fleurs de cartannes, 1 kil. beau raisin de Malaga sec. Les piler comme une pâte d'amandes. Faites bouillir le tout 1 minute. Lorsque ce mélange est froid, donnez-lui la couleur avec du caramel. Filtrez, ajoutez-y 1/2 litre d'esprit de vin. Mettez dans un petit tonneau bien propre et bien fermé

Madère.

Prenez 16 bouteilles de bon vin blanc, 1 kil. de sucre en pain, 1 kil. de belles figues sèches pilées en beurre, 60 gr. de fleur de tilleul, 1 gros de rhubarbe orientale, 1 gros d'aloës scicotrin. Faites bouillir le tout 1 minute, puis filtrez. Ajoutez-y ensuite 1 litre 1/2 d'esprit de vin. Mettre dans un tonneau bien propre et bien bouché.

Lunel et Frontignan.

Prenez 16 bouteilles de bon vin blanc, 2 kil. de sucre en pain, 2 kil. de raisin muscat sec. Pilez en beurre 1 gros de noix de muscade râpée, 1 gros de fleur de sureau. Le tout bien délayé et infusé 8 jours. Après quoi l'on filtre et l'on ajoute 1/2 litre d'esprit de vin. Mettre dans un tonneau bien propre et bien bouché. Pour le lunel, on met 1 litre d'esprit de vin.

Champagne.

Prenez 16 litres de bon vin blanc (très blanc), 1 kli. 1/2 de sucre en pain, 1 gros de semence de céleri pilé, 30 gr. de bi-carbonate de soude, 30 gr. d'acide tartarique. Lorsque le tout est bien fondu, on y ajoute 3/4 de litre d'esprit de vin. On filtre et on met en bouteille. Les boucher vivement et fil de fer autour du bouchon. Papier d'étain. Les coucher à la cave.

Lacrima-Christi.

Prenez 25 bouteilles de bon vin rouge, 250 gr. de coriandre, 1 kil. de sucre, 60 gr. de fleurs de pavots, 125 gr. de safranum, 4 gr. de cachou. On fàit bouillir le tout 1 minute. On laisse refroidir. Puis on y ajoute 625 gr. d'esprit de vin, et l'on filtre. Mettez en bouteille et cachetez hermétiquement. Tous ces vins sont très faciles à faire et sont très bons.

SIROPS

Capillaire.

30 litres de sucre cuit à 37 degrés, 250 gr. capillaire du Canada, produisant une infusion de 7 litres en 2 fois. Avoir soin de faire écumer à petit feu avec 1 blanc d'œuf battu avec. On y ajoute 1 litre de fleur d'oranger ; cela doit produire le sirop à 31 degrés. Mettez en bouteille sitôt froid, 3 fr. le litre.

Gomme.

30 litres sucre cuit et clarifié à 35 degrés, 2 kil. 1/2 gomme blanche pilée, que vous faites fondre avec 5 litres d'eau. Quand elle est bien bouillie et écumée, vous y ajoutez 1 litre eau d'oranger. Faites écumer à petit feu jusqu'à ce que vous obteniez clair. Mêlez le tout ; cela doit produire 31 degrés. Filtrez et mettez en bouteille, 3 fr. le litre.

Orgeat.

750 gr. d'amandes douces, 250 gr. d'amandes amères. Les blanchir, puis les peler de peu à peu avec 5 litres d'eau ; vous pressez votre lait d'amandes sur 9 kil. de sucre en pain ; puis 375 gr. de gomme fondue dans 1/2 litre d'eau, 1/2 litre eau d'oranger. Mettre le tout sur le feu et ne faites pas bouillir. On écume bien et on passe au tamis avant de mettre en bouteille, 3 fr.

Groseille.

35 kil. de groseilles, 10 kil. de cerises noires, 10 kil. cerises aigres, 4 kil. framboises. Vous écrasez le tout, et passez au tamis ou au crible, vous ramassez la râpure et la passez à la presse pour en extraire le jus. Vous mélangez le jus, et lui laissez subir une fermentation de 3 jours dans la moitié d'un tonneau. Cela fait, vous le filtrez à la manchel. Vous mettez un litre 1/2 de jus, pour 5 litres de sucre clarifié, vous cuisez le sucre au fort Boulet avant de mettre le résidu, après quoi, vous mélangez le tout et cuisez à 32 degrés 1/2. Refroidir et mettre en bouteille, 3 fr.

Framboise.

35 kil de framboises, 4 kil. de groseilles, 10 kil. cerises noires, 10 kil. cerises aigres. Vous écrasez le tout, comme pour le sirop de groseille. Fermentation de 3 jours, filtrez, vous mettez 1 litre 1/2 de jus pour 5 litres de sucre clarifié. 32 degrés 1/2, 3 fr.

Vinaigre.

30 litres sucre à 35 degrés. Vous décuisez votre sirop, en infusant du vinaigre framboisé jusqu'à ce qu'il arrive à 31 degrés. Ecumez-le et filtrez. Mettez en bouteille, 3 fr.

Vinaigre pour le sirop de Vinaigre.

12 kil. 1/2 de framboises, 15 litres vinaigre rouge bien fort, 5 kil. cerises noires. Vous mélangez le tout et mettez dans un baril. Ne s'en servir qu'au bout d'un mois, pour le sirop.

CONFITES DE FRUITS

Cerises.

Prenez une quantité de sirop clarifié, suffisante pour que les cerises soient seulement couvertes. Sortez-les noyaux. Jetez les cerises dans le sirop, mettez le poelon sur le feu et laissez seulement prendre le bouil au sirop. Cuisez-le à 15 degrés, puis, tous les jours, vous égouttez votre sirop et le cuisez jusqu'à ce qu'il arrive à 32 degrés.

Poires.

Prenez des jolies petites poires, pas trop mûres. Jetez-les dans une chaudière d'eau froide, bien couverte. Mettez-la sur le feu. Faites bouillir jusqu'à ce que la tête d'une épingle y entre sans résistance, sortez-les de sur le feu. Pelez-les et jetez-les à mesure dans une terrine d'eau froide, puis faites un sirop à 15 degrés. Egouttez-les et jetez-les dedans, que cela prenne un bouil, et tous les jours vous remettez le sirop sur le feu jusqu'à ce qu'il ait 32 degrés. Pour tous les fruits, on les laisse reposer dans le sucre les 3 premiers jours.

Écorces d'oranges.

Prenez de belles écorces d'oranges coupées en quartiers, faites-les bouillir jusqu'à ce que la peau inférieure de l'écorce se sorte facilement, passez-les à l'eau froide, râclez-les avec précaution, faites un sirop à 15 degrés, jetez-les dedans ; faites prendre un bouil. Laissez reposer 3 jours. Puis cuisez le sirop à 32 degrés un peu tous les jours.

Angélique.

Prenez de l'angélique que vous épluchez et dont vous enlevez les nœuds, mettez-là dans une chaudière. Couvrez-là d'eau et laissez bouillir jusqu'à ce que la tête d'une épingle entre sans résistance, sortez-là. Effilez-là, placez les petits bâtons dans les gros, mettez dans l'eau froide, puis égouttez-là. Faites un sirop à 15 degrés, jetez-là dedans, faites bouillir, et tous les jours vous achevez de cuire à 32 degrés, de peu à peu.

Reine-Claude.

Prenez des prunes vertes, pas mûres, mettez-les dans une chaudière d'eau froide et faites bouillir. A mesure que vos prunes montent, sortez-les avec un écumoir et jetez-les dans de l'eau froide, égouttez-les et jetez-les dans un sirop à 15 degrés. Faites comme les précédentes à 32 degrés.

Abricots.

Abricots pas mûrs, leur faire la même préparation qu'aux prunes, sirop à 15 degrés pour commencer, les finir à 32. Il y en a qui sortent les noyaux.

CONSERVES DE FRUITS

Cerises.

Prenez des belles cerises pas trop mûres et fraîches cueillies, ôtez-en les noyaux délicatement, jetez vos cerises sur un tamis pour égoutter le jus, mettez-les en bouteille, versez-y dessus un sirop à 25 degrés. Bien les boucher et ficeler. Les faire bouillir juste 5 minutes au bain-marie et laisser refroidir.

Abricots.

Sortez les noyaux à des abricots pas trop murs, mettez vos abricots dans des bouteilles ou des boîtes de ferblanc, versez-y dessus un sirop à 30 degrés, bien les boucher et ficeler. Les faire bouillir 7 minutes au bain-marie.

Mirabelles. Reine-Claude.

Prenez des prunes pas trop mûres, sortez-en le noyau. Les reine-claudes, on peut laisser le noyau, mettez en bouteille et un sirop à 30 degrés. Bien les boucher et ficeler. Faire bouillir 7 minutes au bain-marie.

Pêches.

Sirop à 30 degrés, 7 minutes d'ébullition. Même préparation que les abricots. Boîte en ferblanc.

Conserve de Tomates.

Faites fondre des tomates, passez-les au tamis. Vous les faites cuire sur le feu en remuant, quand il n'y a plus d'eau, vous les sortez. Vous mettez en bouteille, vous les ficelez et bouchez. Cuire au bain-marie 5 minutes.

Conserve d'oseille.

Faites fondre de l'oseille comme il faut avec un peu d'eau. Egouttez-là, hachez-là bien fine, vous la passez au tamis et la recuisez sur le feu. Garnissez-en des bouteilles que vous bouchez et ficelez. 5 minutes d'ébullition au bain-marie, on la conserve aussi en terrine, avec de la graisse dessus.

CONFITURES

GELÉES ET PATES DE FRUITS

Marmelade d'abricots.

Faites fondre vos abricots et passez-les au tamis ; pesez 500 gr. d'abricots et 375 gr. de sucre. Cuisez-la sur le feu jusqu'à ce que vous voyiez qu'elle est cuite. Mettez dans des pots et ronds de papier imbibés au rhum dessus. Les couvrir le lendemain.

Marmelade de mirabelles.

Prenez des mirabelles, sortez-en les noyaux, fendez-les en deux, mettez 500 gr. de mirabelles et 375 gr. de sucre, uu peu d'eau. Cuisez le tout en remuant jusqu'à ce que ce soit assez. Mettre dans des pots. Même préparation que l'abricot.

Groseilles de Bar-le-Duc.

Prenez de belles groseilles à gros grains, sortez-en les pépins avec une épingle ou petit fil de fer. Quand vous avez fini, vous les jetez dans autant de sucre cuit au boulet. Sortez le sucre du feu au moment de mettre vos groseilles, et remuez délicatement. Faites-lui prendre un bouil couvert, et mettez dans des verres. Vous les couvrez avec Papier au rhum le lendemain, l'on garnit des petits Gâteaux avec.

Conserve de marmelade.

Faites fondre de beaux abricots et passez-les au tamis. Ensuite mettez la confiture telle qu'elle est dans des boîtes de ferblanc. Bien les boucher. Passez-les 10 minutes à l'ébullition, puis vous les mettez dans un endroit assez frais. On s'en sert l'hiver en les sucrant un peu pour les gâteaux de soirées. C'est exquis.

Gelée de groseilles.

Faites fondre vos groseilles, pressez-en le jus, puis vous pesez 500 gr. de jus et 375 gr. de sucre. Mettez sur le feu. Faites cuire jusqu'à ce qu'en en mettant sur une assiette en un lieu froid elle se gèle. Puis vous mettez dans des pots. Le lendemain on y met un rond de papier imbibé au rhum dessus, et on les couvre.

Gelée de coings.

Faites cuire de beaux coings en quartiers avec de l'eau. Quand s sont bien cuits, on égoutte le jus au clair. On pèse 500 gr. de jus, 375 gr. de sucre, que l'on fait cuire comme la groseille. Mettre dans des pots ; rond de papier imbibé au rhum dessus et couvrir.

Gelée de pommes.

Faites cuire de belles reinettes en quartiers avec de l'eau. Quand elles sont bien cuites, vous égouttez le jus au clair. Vous pesez 500 gr. de jus et 375 gr. de sucre. Cuisez comme la précédente, mettez dans des pots ; rond de papier imbibé au rhum dessus et couvrir.

Pâte de pommes.

Faites cuire de belles pommes pelées (et les coupez en quatre) pendant 10 minutes dans très peu d'eau ; égouttez le jus, vous le passez au tamis. Après quoi vous mettez 1 kil. de pommes et 1 kil. 125 gr. de sucre sur le feu. Citron. Faire bouillir tout doucement, puis vous les dressez à l'entonnoir sur des plaques de ferblanc. Les faire sécher sur l'étuve 2 ou 3 jours. Après cela on les passe au candi, 4 fr. les 500 gr.

Pâte de coings.

Prenez des coings, que vous faites cuire sans peler avec très peu d'eau jusqu'à ce que la tête d'une épingle entre dedans. Egouttez-les. Vous les pelez et les passez au tamis. Puis vous pesez 1 kil. de coings et 1 kil. 125 gr. de sucre. Faites bouillir un peu. Taillez différents modèles au sac et à l'entonnoir. Séchez sur l'étuve pendant 4 jours et passez au candi. On les coupe en 4 pour les faire cuire. 4 fr. 50 les 500 grammes.

PETITS FOURS D'AMANDES

A 3 ET 4 FR.

Il y a 15 sortes de pâtes que je vais expliquer séparément.

Pâte d'amandes sur le feu.

500 gr. d'amandes pilées fines aux blancs d'œufs ; y ajouter 500 gr. de sucre vanillé cuit au boulet. La dessécher sur le feu. On fait avec cette pâte des prunes vertes, des amandes, des châtaignes, des carottes, des fraises, des cerises, des abricots, radis, poires. On les gomme bien. On ne fait que les faire sécher. On colore la pâte à volonté. 3 fr.

Petit-four en biscuit.

Biscuit à 16 œufs, bien vanillé. On fait avec des boules, des doubles boules, des haricots, des poires, des feuillantes, de toutes petites bouchées à parfums différents. Le tout bien fourré aux crèmes-gelées-abricots. Les abricoter et glacer différemment. 3 fr.

Petit-four en génoise.

Génoise à 16 œufs battus à froid, 500 gr. de beurre, 500 gr. de sucre, vanille. 500 g. farine. On fait avec, des ronds, des carrés, des croissants, des carrés longs, des losanges, des équerres. Bien les abricoter et les glacer au fondant. Variation de glaces. 3 fr.

Petit-four macaron léger.

500 gr. d'amandes pilées avec 500 gr. de sucre et passées au tamis, 8 blancs montés, vanille. Mêler comme de la meringue. On dresse des ronds, des longs, des larmes, des rognons, des doubles boules. Les poudrer et cuire à four moyen sur du papier. On les glace au fondant (glaces variées) sens dessus dessous. 3 fr.

Petit-four en caisse.

500 gr. d'amandes fraîches pilées avec 6 blancs d'œufs et 1 moule à baba de kirsch. Puis y ajouter 500 gr. de sucre. Le coucher sur papier et la caisse beurrée. Four un peu chaud. On découpe des carrés, des équerres, des carrés longs. Le tout, glacé au fondant, varie. 4 fr.

Petit-four farci.

Garnissez une caisse avec de la pâte à macaron de 500 gr. d'amandes à 1 kil. de sucre. Ramollissez-la avec de la crème vanille. Couchez-la sur du papier et beurrez la caisse. Four moyen. Quand elle est cuite, vous pilez du nougat avec un peu de blanc d'œuf. Vous l'étendez au rouleau et vous le collez à l'abricot sur la caisse. Glacez au kirsch et pistaches hachées dessus. On découpe carré, rond, losange, long et équerre. 3 et 4 fr.

Le Petit Four moëlleux à sac.

500 gr. d'amandes et 750 gr. de sucre, les filer et les passer au tamis-vanille, esprit d'abricot, framboise ou ananas pour parfum; le mouiller au mortier avec des blancs d'œuf, bien les piler, que ce ne soit pas trop dur ni trop mou. On les dresse au sac, à variation de douilles et de formes. L'on fait toutes sortes de dessins avec, on les décore aux fruits et amandes. Cuire à four tournant, plaques doublées. Que les petits fours soient sur du papier, les gommer immédiatement. J'avais tellement du goût pour les petits fours que j'achetais des douilles partout où je passais. Je me trouve en avoir près de 100 à sac ou à seringue. Cette pâte d'amande ne bouge pas, elle a de l'œil et se conserve molle. 3 fr.

Petit Four Lacam (au sac).

500 gr. d'amandes et 750 gr. de sucre, les piler et passer au tamis, vanille et esprit d'abricot pour parfum, bien les piler au mortier en mouillant avec des blancs, pâte un petit peu dure. Faites fondre 180 gr. de beurre, ce qu'il y a de plus fin, qu'il soit en crème, coulez-le dedans. que la pâte soit comme la précédente. On la dresse sur papier au sac à variations. L'on en fait des ronds et ovales que l'on décore aux fruits, petit sucre dessus. Four vif, plaques doublées; ceux au petit sucre, à four pas si chaud. C'est un petit four excellent et fondant, il ne bouge pas; le gommer. N'en faire que l'hiver, 4 fr.

Petit Four moëlleux à Seringue (jaune).

500 gr. d'amandes et 750 gr. de sucre pilés et passés au tamis, vanille, travailler au mortier avec des jaunes d'œufs, pâte pas trop dure. On la dresse à la seringue, l'on met plusieurs dessins de douille ensemble, on les garnit de pâte aux marrons-pistaches, on les décore à volonté; les coucher en long sur papier. Le lendemain le cuire à four vif et avoir l'œil, les doubler, les gommer. Sitôt froid, on les coupe en losange, en équerre, en carré, et ainsi de suite. Pour les décoller, on mouille le tour comme il faut, et l'on pose les feuilles dessus. 3 fr.

Petit Four moëlleux blanc.

C'est le même que le précédent, au lieu de jaunes on le mouille aux blancs, et du kirsch et anisette pour parfum. Le dresser à la seringue. Four vif. 3 fr.

Petit Four blanc à la main.

500 gr. d'amandes et 750 gr. de sucre pilés et passés au tamis, esprit de framboise pour parfum, les mouiller avec des blancs, pâte ferme. L'on fait des noisettes avec, des trois-boules, des pommes d'apie, des poires, des artichauds, des pincés aux emporte-pièces, et bien des formes que je n'ai pas donné de nom. Four très-chaud, plaques doublées, cela dépend du goût de l'ouvrier; bien parfumer, 3 fr.

Le Four jaune à la main.

500 gr. d'amandes et 750 de sucre, les piler et passer au tamis, vanille, bien les piler aux jaunes, pâte ferme. L'on fait des marrons, des épis de blé, des nattes, des noix, des esses, des nœuds et ainsi de suite. Four très-chaud, plaques doublées. L'on en fait aux emporte-pièces. J'ai une quantité d'autres dessins, dont je ne puis donner les noms, 3 fr.

Pâte d'amandes chocolat.

Même recette que les précédentes. L'on y met 200 gr. de chocolat fondu par 500 g. d'amandes, vanille. L'on en dresse à la main, au sac et à la seringue. On la ramollit plus ou moins, selon le sac ou la seringue, 3 fr. gommés, four vif.

Pâte d'amandes pistaches.

L'on met 125 gr. de pistaches par 500 gr. d'amandes, carmin vert, beaucoup de vanille, on la mouille aux jaunes ou aux blancs. L'on s'en sert au sac, seringue, et beaucoup au rouleau que l'on fourre, four pas si chaud, ça ternit le vert, 3 fr. et gommés.

Pâte d'amandes fraises.

500 gr. d'amandes, 750 gr. de sucre, pilés et passés au tamis. Mouiller aux blancs, esprit de fraises, carmin rose, les dresser à la seringue, au sac ou à la main, de toute façon. L'on fait des pincés, roulés dans le sucre avec un trou que l'on remplit de glace à la fraise. Four très-chaud et ainsi de suite, 3 fr.

Four italien.

500 gr. de glace battue sur le feu avec 8 blancs d'œufs, bien ferme, vanille, plaques beurrées et farinées, dresser au sac, douilles variées. L'on en fait couleur rose, couleur jaune, avec des parfums. Pour varier, l'on met du petit sucre sur les uns, des pistaches hachées sur les autres. Four très-doux et ouvert. Il y a de la meringue anglaise aussi à 500 gr de sucre cuit au cassé, 6 blancs bien fermes (*Voir* Meringue anglaise et Meringue russe), 3 fr. les 500. Dessins variés.

Petit four meringue moëlleux.

500 gr. de sucre, 7 blancs bien fermes, vanille, bien mêler. Cuire à four chaud, sur papier et planche mouillé. L'on fait des tire-bouchons, des boules au sucre, des boules aux amandes, des couronnes, et ainsi de suite. Le tout collé en sortant du four, four moyen. 3 fr. Pour les flans meringués, l'on met 8 blancs par 500 gr. de sucre.

Dattes farcies.

Prenez des belles dattes, sortez en les pepins, les fendre au milieu. Mettez-y dedans une bonne pâte d'amande blanche, ou à la pistache, bien parfumée, qu'elle sorte un peu en dehors. Sécher et glacer au cassé, pour Soirées, 4 fr. le 1/2 kilo.

Amandes d'Aboukir.

Ayez une bonne pâte d'amande-pistache verte, roulez-là ronde,

puis fendez-là, vous y mettez une amande blanche, donnez-lui la forme
d'une amande au naturel, que l'amande sorte un peu dehors. Sécher ;
on les gomme, il y en a que l'on glace au cassé, même forme, 4 fr.

Amandes Molière.

Ayez une bonne pâte d'amande verte, fendez des raisins de Malaga,
sortez-en les noyaux, mettez-y une olive en pâte d'amande verte au
milieu, petit sucre dessus. Ne faire que les passer au four. Gommer. 3
fr. L'on en fait aussi en mettant une olive en pâte d'amande verte entre
deux moitiés d'amandes.

Coquilles chocolat et autres. Noix.

Pâte d'amande, 125 gr. d'amandes et 500 gr. de glace pilés et passés
au tamis, vanille. Mouiller aux blancs, très-durs. L'on fait des noix que
l'on fait sécher et que l'on colle en garnissant d'abricot. Les coquilles
se coupent à l'emporte-pièce, cannelée. L'on fonce des tous petits moules à tartelettes nommés solférino. Les mettre sur papier à mesure.
Les faire sécher. Le lendemain, l'on met de l'abricot au fond et une
glace chocolat ou autre dessus. 3 fr.

Coquilles à l'ananas.

Même pâte d'amande, foncez-en des coquilles ovales que vous faites
sécher. Le lendemain, l'on met un peu de carmin rose autour, de l'a-
nanas hachée au fond, et l'on y coule dessus un fondant très-dur à
l'ananas. 4 fr.

Fours à thé variés fins.

Il y a les palais de dames, les langues de chat, les cassonnés, les
pistachés, les patérally, les fondants ronds, flamandes, petits pains chinois, petits citrons. Le tout à 2 fr. les 500 gr. (Voir les noms, table
des matières, et ainsi de suite).

Vanille.

Prenez toujours de la vanille grosse et luisante pour votre service, vous la coupez par morceaux et vous la pilez. L'on met dix bâtons pour un kilogramme de sucre. On la passe au tamis. Bien la boucher; c'est le parfum le plus usité.

Viande

Pour 1 kilog. 1/2 de viande à hacher, l'on y met 32 gr. de sel épicé· Avoir bien soin d'y mettre un peu de lard pour la graisser. L'essentiel, c'est de bien assaisonner les morceaux de veau. Mettez un peu de laurier dessus, une fois le pâté garni; ceux de 1 fr., une heure de cuisson et un quart d'heure en plus par fraction de 50 c.

Raisins (Corinthe, Smyrne, Malaga).

Le corinthe se lave ou se frotte dans un linge, à la farine; il faut bien sortir les queues et les pierres qu'il y a dedans. Le smyrne s'épluche à la farine aussi, pour les queues, et bien sortir les pierres. Le malaga, on lui sort les grains qu'il y a dedans et les queues. L'on s'en sert pour babas et gâteaux anglais.

Vol-au-vent.

Faire toujours une belle croûte en feuilletage et de bonnes sauces. Puis, des quenelles, champignons, écrevisses, riz-de-veau, cervelles, crêtes de coq, rognons et quelques truffes. Ceux au blanc, l'on y met du poulet, puis une liaison. Bien assaisonner. Servir chaud.

Pâte pour les rossignols.

Pour bien élever et nourrir les rossignols, il faut leur donner de ette pâte. C'est avec cela qu'on les nourrit dans le midi de la France et en Espagne. Faites fondre 500 grammes de beurre dans une casse-role, mêlez-y 1 kil. de farine de fève. Une fois mêlé, ajoutez-y 200 gr. de miel du pays et 8 jaunes d'œufs. Remuez tout cela sur un petit feu, jusqu'à ce que ce soit un peu brun, puis, vous le versez sur le tour et y ajoutez 250 gr. de miettes de biscuit. Cela se vend 2 fr. le 1/2 kil. On le mêle bien et on le tient dans un pot de grès. Bien fermé.

Génoise ordinaire.

1/2 kil. de sucre battu sur le feu avec 16 œufs. Vanille. 1/2 kil. de farine, 1/2 kil. de beurre fondu. Moule plat, four moyen.

Pâte à foncer ordinaire.

3 kil. de farine, 1 kil. 500 gr. de beurre, 6 tas de sel, de l'eau, fraser 3 fois. L'on fonce tout avec cette pâte, hors les flans. Pâte ferme.

Cerises déguisées.

Prenez des belles cerises à l'eau-de-vie, égouttez-les bien, puis, vous les glacez à un bon fondant. Kirsch. 4 fr. les 500 gr., pour dîners et soirées.

Dessert riche.

Pour qu'un dessert soit bien assorti, il faut que parmi les petits fours, fins à 3 fr., il y ait : amandes d'Aboukir, glacées, marrons gla-cés, cerises déguisées, oranges et fruits glacés, dattes farcies glacées ; Ceux-ci sont à 4 fr. les 500 gr.

Tranches à l'anisette.

3/4 de sucre battu sur le feu avec 8 œufs, puis, un bon moule d'a-nisette, 500 gr. de gruau. Les dresser en bras comme les croquets de Paris. L'on en fait deux bandes que l'on dore. Plaque beurrée et fa-rinée. Four moyen. Sitôt froides, on les coupe en tranches minces comme les biscotes. 2 fr. les 500 gr., c'est très bon.

Echaudés de Bretagne.

3 kil. de farine, 250 gr. de sucre, 250 gr. de beurre, 15 gr. de potasse, 5 gr. de carbonate, 40 œufs. Bien pétrir et fraser 3 fois. Les blanchir deux heures après. On les étend au rouleau, on les coupe à l'emporte-pièce rond. Les piquer. Le lendemain, on les cuit sur des plaques ordinaires à four chaud. 20 minutes suffisent. Les laisser 12 heures dans l'eau fraîche. 5 centimes.

Entremets et gâteaux en général.

Il y a des entremets que je n'ai pu mettre sur ce volume, vu qu'ils sont brevetés. Je dois m'abstenir de les produire. Que le lecteur ne les cherche pas inutilement, cela m'est impossible. Comme gâteaux ordinaires, j'en garde près de 300 recettes qui ne me paraissent pas assez lucratives pour les mettre à jour. Du reste, de la manière dont j'ai fait mon livre, l'on ne peut désirer rien de mieux. Il est unique et sans détour.

MODÈLE D'UNE SOIRÉE

De 300 Personnes,

PARMI CELLES QUE J'AI SERVIES.

Le Pâtissier.

36 Cornets à la Chantilly.
12 Tartes groseilles de Bar, roses.
12 Tartes groseilles de Bar, blanches.
24 Tartes aux mirabelles.
12 Tartes aux abricots.
12 Tartes aux cerises.
18 Gibraltar coupés en losange.
18 Mousses à l'orange coupés en triangle
18 Nougats pistache, très-petits.
24 petits Nougats décorés.
80 Gaufres fines.
24 petits Éclairs chocolat.
24 petits Éclairs au café.
24 petits Choux glacés.
24 petits Anacréons.
24 petites Meringues longues.
18 petites bouchées à l'orange.
250 gr. de Macarons chocolat.
250 gr. Langue de chat.
12 assiettes Petit-four fin à 200 g. chaq.
300 Sandwisch au foie gras.
4 Couronnes à 2 fr.
1 Baba froid glacé, 3 fr.
1 Baba chaud, 3 fr.
1 Savarin froid glacé, 3 fr.
1 Savarin chaud, 3 fr.
1 Montmorency, 4 fr.
1 Cavour, 4 fr.
1 Génoise, 4 fr.
300 Bouchées à la reine.
150 Petits Plombs.

Le Confiseur.

5 kil. Raisin glacé.
5 kil. Marrons glacés.
5 kil. Oranges glacées.
5 kilo fruits glacés.
1 kil. Pralines fondantes roses.
1 kil. Pralines fondantes blanches.

Le Glacier.

4 Sorbetières glace vanille.
3 Sorbetières, id. à l'orange.
3 Sorbetières, id. café.
2 Sorbetières, id. pistaches.
2 Sorbetières, id. fraise.
2 Sorbetières, id. abricot.
3 Sorbetières, mousse café.
3 Sorbetières, punch glacé.
10 bouteilles Champagne frappé.

MENU D'UN DINER DE 30 COUVERTS

Potage.

Tapioca.

Hors-d'Œuvre.

1 Saumon sauce hollandaise.
25 bouchées, huîtres d'Ostende.

Entrée.

1 Filet aux tomates farcies.
Cannetons financière.
Côtelettes d'agneau purée de pois.

Rôtis.

2 Dindonneaux nouveaux.

Entremets.

Aspic de homard, sauce mayonnaise.
Artichauds à l'italienne.
Petits poids à l'anglaise.
1 Breton décoré.
1 Parfait café.
1 Meringue suisse.

Dessert.

2 assiettes Macarons.
2 assiettes Biscuits cuillère.
4 assiettes Petits-fours.
2 assiettes Oranges glacées.
4 bouteilles Champagne frappé.

MENU D'UN DINER DE 20 COUVERTS

Potage.

A la Bisque.

Hors-d'Œuvre.

Truite, sauce aux câpres.
20 Bouchées aux huîtres

Entrée.

Filet sauce Madère
Poulet Marengo, sauce tomate.

Rôtis.

Gigot de chevreuil.

Entremets.

Petits pois à l'anglaise.
Haricots flageolets.
1 Bavarois au café.
1 Croc-en-Bouche de fruits.
1 Dame-Blanche au kirsch.

Dessert.

4 assiettes Petits-fours.
2 assiettes Marrons glacés.
2 assiettes Oranges glacées.
3 bouteilles Champagne frappé.

MOTS TECHNIQUES EMPLOYÉS

EN

PATISSERIE & GLACE

Abricoter. . . . . C'est faire chauffer de l'abricot et en barbouiller un gâteau au pinceau.

Abbesser. . . . . C'est prendre un morceau de pâte et l'étendre avec un rouleau.

Beurrer. . . . . C'est faire fondre du beurre et d'y passer un pinceau dedans pour beurrer un moule.

Blanchir . . . . On blanchit des amandes à l'eau chaude, et on blanchit du sucre en le travaillant avec des jaunes d'œufs.

Battre . . . . C'est avoir un fouet en fil de fer et de battre avec, sôit du sucre, soit des œufs.

Bain-Marie. . . . . . . C'est mettre un objet dans l'eau et l'y faire bouillir.

Clarifier . . . . C'est enlever l'écume du sucre quand il bout ; c'est aussi séparer le jaune de l'œuf d'avec le blanc.

Détremper. . . . . . . C'est mettre de l'eau dans une pâte ou des œufs et la pétrir avec la main.

Etamine . . . . Quartier de laine avec lequel on passe les sauces et les crèmes.

Emonder. . . . . Veut dire éplucher. C'est enlever la peau des amandes une fois blanchies à l'eau.

Effiler. . . . . C'est prendre une amande dans les doigts et la couper mince en long une dizaine de fois.

Epicer . . . . Veut dire assaisonner, mettre de l'épice sur de la viande ou sauce.

Fraser . . . . Se dit d'une pâte. En la pétrissant, on la passe trois fois sous la paume de la main en glissant.

Four vif . . . . C'est cuire sitôt les braises tirées.

Four chaud . . . . . . C'est un quart d'heure après les braises tirées.

Four un peu chaud. Une demi-heure après le four chaud.

Four moyen . . . . . Une heure à une heure et demie après le four un peu chaud.

Four doux. . . . . . Trois heures après le four moyen.

Four très-doux . . . Quatre ou cinq heures après le four doux.

Frapper . . . . C'est tourner une sorbetière de crème dans la glace.

Filtrer . . . . C'est passer du sirop dans une poche de laine pour l'éclaircir. On filtre aussi des liqueurs au papier Joseph.

Glacer . . . . C'est verser de la glace sur un gâteau quelconque pour le couvrir.

Gruau. . . . . Farine, ce qu'il y a de plus délicat dans le blé.

Hacher. . . . . On hache des fruits, des amandes et de la viande.

Houlette. . . . . . . Petite palette en étain emmanchée dans un morceau de bois pour remuer les glaces frappées.

Imbiber . . . . C'est verser du sirop sur un gâteau avec un pinceau légèrement.

Levure. . . . . Ecume de bière avec laquelle on fait le levain pour les pâtes.

Liaison. . . . . C'est manier un peu de beurre avec de la farine pour une sauce ; c'est aussi écraser un jaune d'œuf avec un peu d'eau pour les sauces et du beurre fin.

Manier. . . . . , . . C'est travailler du beurre avec les mains sur le tour pour le ramollir et lui donner du corps.

Pétrir . . . . C'est mettre de la farine, du beurre et de l'eau sur le tour et la travailler avec les mains.

Piler . . . . Veut dire écraser quelque chose avec un pilon dans un mortier.

Panade. . . . . C'est détremper soit du lait, soit du jus avec de la farine et de la faire cuire sur le feu, ou de la mie de pain.

Pèse sirop. . . . . . Tube en verre marqué par degré pour peser le sirop de sucre.

Spatule. . . . . Morceau de bois large de la base et étroit du haut pour travailler soit biscuit, crème ou sauce.

Siroper. . . . . C'est tremper un gâteau dans du sirop pour le rendre spongieux.

Sécher . . . . C'est mettre quelque chose au-dessus du four pour lui ôter l'humidité ou bien donner une croûte dure.

Seringue . . . . Instrument en ferblanc et en fer avec lequel on fait les petits-fours.

Sangler. . . . . C'est mettre un moule dans un seau et l'entourer avec de la glace et du sel. On met une couche de glace et une de sel. Pour glacer les fromages, etc.

Tourrer . . . . C'est étendre du feuilletage avec un rouleau et le ployer à tour de rôle sur le tour.

Tourtières. . . . . . Plaques rondes de tôle avec lesquelles on cuit les gâteaux.

RECETTES SUPPLÉMENTAIRES

Gâteaux anglais ou de voyage.

Un demi kilog. d'amandes fraîches pilées avec 16 œufs et du rhum vanillé, bien le piler, puis, l'on y ajoute un demi kilog. de sucre. Bien faire mousser au mortier; l'on fonce des moules carrés ou ovales avec de la pâte sucrée. On les garnit. Bien cuire à four moyen. En sortant du four l'on y coule dessus une glace claire au rhum avec des amandes hachées ou effilées dessus. Sécher et envelopper dans du papier d'étain. Cela se conserve un mois ou deux. C'est exactement la même recette que le flamand de Nantes, sauf que le flamand est glacé à la vanille et marbré à l'abricot. On peut les faire moule à génoise.

Le Frézal.

Pilez 250 grammes de raisins de Malaga, bien fin avec trois œufs et 125 grammes d'amandes. On pile les amandes avant. Battez 250 gr. de sucre avec 8 jaunes, mettez vos raisins dedans, un moule de kirsch, puis 200 g. de farine de riz, 200 gr. de beurre fondu, 8 blancs montés. Moule Cussy. Four moyen. Glacer kirsch. Pistaches hachées dessus.

Biscuits à la noisette.

Travaillez 250 gr. de sucre avec 8 jaunes d'œufs, puis vous y mettez 200 gr. de noisettes pilées à la fleur d'oranger, 150 gr. de gruau,

8 blancs montés. Moules gênoise beurrés, four moyen, glacer kirch.

Brioches de Marseille.

500 gr. de farine, 375 gr. de levain de pain, 180 gr. de beurre, 180 gr. de sucre, sel, eau d'oranger, 10 à 12 œufs; bien pétrir les œufs, la farine et le levain, puis l'on met le sucre et le beurre; pâte un peu molle; lever sur le four. Le lendemain on la rompt, on la dresse en couronne; la faire lever, la fendre, casson dessus et cuire à four pas trop chaud. 1 fr. 50 les 500 gr. Mettre les œufs en deux fois.

Brioches de Lyon.

3 kil. de farine, 1 kil. 500 gr. de beurre, 1 kil. 500 gr. de levain de pain, 30 œufs, 60 gr. de sel; bien pétrir; on la mouille avec 15 œufs, ce qui fait 45 œufs; la faire lever. Le lendemain on la rompt, on la met sur des planches farinées; on la fait lever, dorer et cuire four chaud, fendues. 1 fr. 25 les 500 gr. L'on met un peu d'eau.

Crème de meringues.

8 blancs bien montés, 250 gr. sucre en poudre, vanille, puis autant de crème de lait. Cela sert lorsque l'on est à court de crème.

Composition d'amandes.

Pour les crèmes, les richelieu ou autres gâteaux, ayez toujours cet appareil, 500 gr. d'amandes et 500 gr. de sucre pilés et passés au tamis. L'on tient cela dans un tiroir. S'en servir aussi pour les gâteaux d'amandes et petits fours.

Le Fribourg.

150 gr. de sucre battu avec 4 jaunes, puis vous y ajoutez 60 gr. de

noisettes pilées à l'eau, 4 blancs montés. Four moyen, vanille, moule à trois frères, 30 gr. de gruau.

Soufflage.

200 gr. d'amandes pilées avec 3 ou 4 blancs d'œufs, 625 gr. de glace, vanille. Pâte très-dure, dresser au rouleau, glacer dessus à la glace royale et découper; four doux. 3 fr. les 500.

Moscovite.

125 gr. d'amandes pilées avec 6 blancs d'œufs, vanille, 375 gr. de sucre, 200 gr. beurre fondu, 125 gr. de gruau. Moules plats, cannelés; four moyen, glacer kirsch.

Christo.

125 gr. de sucre travaillé avec 3 jaunes, puis de peu à peu 3 blancs nature, 125 gr. de gruau, 50 gr. ananas hachées, 125 gr. beurre fondu. Moule à Génoise, glacer à l'ananas; four moyen.

Le Vénitien.

Faites de la bonne génoise, garnissez-en des moules toujours en diminuant; une fois cuit, montez-les en pain de sucre, en mettant une couche de crème d'amandes entre chaque étage, puis vous le masquez partout à la meringue italienne, vous semez dessus un panaché de 125 gr. de céleri, 125 gr. corinthe, 125 gr. pistaches hachées, 200 gr. casson. 5 minutes au four, et décorer le dessus. Ce gâteau remplace le breton, au milieu d'une table, four moyen.

Gâteau des Rois (de Bretagne).

1 kil. farine, 250 gr. de levain, 250 gr. sucre brut, 250 gr. beurre,

canelle, eau d'oranger ; pétrir le tout à l'eau tiède, mettre à lever, pâte ferme. Le lendemain on les rompt, on les dresse et on les remet lever ; on les mouille avant de les mettre au four, les fendre ; four chaud. 1 fr. 25 les 500 gr. On les dresse en galette et en couronne.

Pains de Saint-Mâlo.

1 kil. de farine, 375 gr. de sucre, 125 gr. de beurre, 9 ou 10 œufs, citron ; dresser rond, les dorer ; l'on fait une croix dessus au couteau ; four moyen. L'on met quelques jaunes. 5 cent. Pâte un peu molle.

Pains d'Écosse ou Pains Anglais.

125 gr. d'amandes pilées avec 250 gr. de sucre, et passés au tamis, 150 gr. de beurre, 1 œuf, 250 gr. de sucre, vanille ; bien travailler au mortier, dresser en navette, dorer, fendre ; cuire à four chaud sur plaque doublée. 10 cent. On les finit au mortier.

4 Épices pour assaisonner.

Mettez dans un mortier 2 gros lauriers-francs, 2 gros de thym, 2 gros de basilie, 2 gros macis concassés, 2 gros de piment, 2 gros de poivre blanc, 4 gros clous de girofle concassés, 4 gros de muscade râpée, 2 gros de canelle de Ceylan. Le laurier, le thym et le basilic doivent être séchés au four ; l'on pile le tout et on le passe au tamis. Le mettre dans un pot et le fermer hermétiquement. (1 gros pèse 4 gr.) L'on en met 30 gr. dans 500 gr. de sel.

Madeleines de Nantes.

Travaillez 125 gr. de beurre et 125 gr. de sucre, comme pour le plum-cake, puis vous y ajoutez 3 œufs, 1 verre de rhum vanillé, 125 gr. de farine. Cuire dans une caisse avec des amandes effilées sur la madeleine ; four moyen ; on la découpe à mesure. L'on en fait aussi en mettant 1/4 de corinthe dans la pâte. 10 et 15 cent.

Meringuage.

Le petit four meringue se fait à 6 blancs au 500 gr.; ça s'appelle meringue moëlleuse; le flan meringué, à 8 blancs; la meringue suisse, à 9 blancs, et les meringues crème à 10 et 12 blancs.

Pâte à Choux Américaine.

500 gr. de beurre, 1 litre d'eau, sel et sucre. Sitôt que ça bouil mettez-y 500 gr. de farine; ne la desséchez pas, mouillez-là de suite; et au lieu de la dorer, sucrez-là à la glacière. Elle prend autant d'œufs, et est tendre, puis elle ne travaille pas trop. Four moyen. L'on s'en sert pour gâteaux de soirée.

Gommage (Lacam).

Quand vous n'avez pas de gomme pour les petits fours ou autre chose, délayez 125 gr. de glace de sucre dans 2 moules à babas de lait, et gommez vos petits fours avec; ça vaut presque mieux que la gomme, c'est luisant et ça ne colle pas.

Feuilletage.

Ne jamais user de farine, entourant le feuilletage, que ce qu'il faut, ça mange le beurre; et puis ne pas mouler votre pâte dans vos mains, cela use le feuilletage. Si vous voulez detremper le feuilletage le samedi soir, en été, pour le dimanche, mettez 1 œuf par 500 gr., il sera aussi beau que si vous sortiez de le faire et facile à tourer.

Biscuits-Cueillère.

L'on fait du biscuit-cuillère à 12, à 14, à 16, à 20 et 25 œufs. Ceci dépend des maisons. La recette préférable c'est de 16 et 20 œufs. On les dresse sur des cartons, sur des papiers-registres ou sur des plaques cirées. Le plus à la mode c'est sur du papier-registre. Il y a encore des plaques en ferblanc. Pour avoir du beau biscuit, il faut le sucrer deux fois au sucre ordinaire et le cuire à four un peu chaud. 3 fr. les 500 g.

Pâtes à foncer, à Pâté et autres.

Ne prenez jamais que ce qu'il vous faut de pâte, pour ne pas l'abîmer, car une pâte qui est trop roulée dans les mains se sèche d'elle-même. Pour bien faire, il ne faut mouler que tout juste un flan ou un pâté, pourvu que cela tienne, car plus l'on manie une pâte, plus on l'abîme. Moi, je ne les frase que deux fois, pour conserver le beurre dans la pâte et pour qu'elle soit croustillante.

Pâte à thé.

Il y a des maisons qui font la pâte à thé à 300 gr. sucre et beurre et à 375 gr. sucre et beurre par 500 gr. de farine. La meilleure recette est à 250 gr. de sucre et 250 gr. de beurre. L'essentiel, c'est de ne pas brûler la pâte en la pétrissant, et de les cuire à four chaud, dorer deux fois. Le meilleur parfum à y mettre c'est du zeste citron haché.

Zestes de Citrons.

A l'époque que les citrons ne sont pas chers, achetez-en 200 au moins, pelez-les minces, de manière à ne pas enlever le blanc, qui est très-amer, puis vous hachez les zestes avec du sucre pilé, vous mettez 125 gr. de zeste, puis 200 gr. de sucre. Lorsque c'est bien haché, vous les mettez dans des pots bien bouchés, cela se conserve un an. L'on s'en sert pour toutes les pâtes sucrées et pour des entremets qu'il y a. C'est un bon parfum.

Écorces d'oranges.

Lorsque l'hiver vous faites beaucoup de quartiers d'oranges soit pour pièces, soit pour glaces ou glacés au 1/2 kil., et que vous ne voulez pas confir ces écorces à plusieurs reprises, ayez une grande terrine ou un tonneau, mettez-y de l'eau et du sel ce qu'il faut, vous jetez vos écorces dedans ; elles s'y conservent ; puis lorsque l'hiver est passé, vous faites vos oranges comme d'habitude ; les faire bouillir, puis les laver à l'eau froide. (Voir écorces d'oranges).

Crèmes en général.

Toutes les crèmes soit Charlotte, soit moka, soit Saint-Honoré, soit quillet, etc., se font à 16 jaunes par 500 gr. L'essentiel, c'est de bien les parfumer, et de ne pas les laisser bouillir. Cela les fait grener et tourner ensuite. — Les passer toujours à la passoire.

Pâte sur le feu, et à froid.

Toutes les pâtes soit génoises, trois-frères et ainsi de suite, la meilleure recette est à 16 œufs par 500 gr. de sucre. Il y en a qui dépassent ce chiffre, mais ça ne vaut pas cela ; à 12 et 14 œufs, c'est même un peu lourd. Ne pas trop chauffer ces pâtes sur le feu, n'y mettre le beurre pas trop chaud. Surtout, lorsqu'un entremet est dans le moule, il ne faut pas le laisser traîner, il devient lourd et s'attache au moule.

Pâtes sucrées, et à thé.

L'hiver, mettez 4 œufs par 500 gr., et l'été mettez-en 3, vu le beurre dur ou mou ; avec cela vous ne brûlerez pas vos pâtes. Ne pas les garder longtemps dans les mains.

Macaronnage.

Ayez toujours un mortier bien propre, ainsi que le pilon, et méfiez-vous de ne pas y faire tomber du jaune en pilant, car gros comme une lentille vous ferait manquer vos macarons. Le pilon à manche est préférable au pilon à 2 têtes, il pile bien mieux ; après cela, nous avons la sébile suspendue au plancher par 3 cordes avec un boulet pesant 20 kil., qui pile très-bien. Mais pour broyer finement, c'est la pierre à chocolat. Ainsi, nous avons le pilon à manche, le pilon à 2 têtes, la sébile et la pierre à chocolat.

Sirop pour les flans.

Pour les abricots, les pêches, les mirabelles, les reine-claude, les raisins, l'on fait un sirop à 32 ou 34 degrés si l'on veut. Pour les fraises et cerises, l'on éclaircit de la groseille. Les siroper en sortant du four.

PRINCIPALES SPÉCIALITÉS ET RENOMMÉES

DES

PATISSIERS DE PARIS

JULIEN *frères*, place de la Bourse (brevetés), pour la pensée, le laurier, les trois frères, le savarin, le richelieu. Maison modèle en Europe.

BOURBONNEUX, place du Havre (breveté), pour le cussy, le gorenflot, les pâtés de chasse.

JULIEN, boulevard des Italiens, le Paris-pâté, le gâteau neuf.

PICHÉ, boulevard Saint-Martin, la meringue suisse, la corne d'abondance.

VINCENT, passage Choiseul, la corbeille de fruits et le panier suisse.

FÉLIX, passage des Panoramas, la brioche, le gâteau d'amandes, les pâtés dressés et de saumon le Venise.

Rémondet, rue de Bucy, spécialité du quillet, des ananas et des moka.

Seugnot, à la Folie, rue du Bac, spécialité du gâteau breton et de la glace au beurre. Confiserie riche.

Lesage, rue Montorgueil, renommée spéciale des pâtés de jambon, connus dans toute l'Europe.

Sthorer, rue Montorgueil, spécialité des babas.

Colosier, rue Neuve-des-Petits-Champs, renommée des pâtés en moule.

Nézard, faubourg Poissonnière, renommée du mousse à l'orange et du Mexico.

Chiboust, rue Saint-Honoré, renommée pour toutes les pièces montées des saint honoré et de l'ambroisie.

Frascati, boulevard Montmartre, renommée pour le pain de Gênes, les entremets et les glaces.

Husson, rue de la Michodière, renommée pour la timballe milanaise et le fondant.

Colombin, rue du Luxembourg, renommée pour la pâtisserie anglaise.

Guèrre, rue Gastiglione, pour la pâtisserie anglaise et les petits fours.

Marion, rue Royale, pour les plum-cake et la pâtisserie anglaise.

Lemaire, rue du Petit-Carreau, spécialité du gâteau normand.

Magnan, rue de Grammont, la meringue suisse et les pièces montées.

Lançon, rue Bourbon-Villeneuve, le fondant, la cuisine et les pièces en sucre filé.

Carème, rue de la Paix, maison de cuisine renommée.

Chaumette, rue Lamartine, renommée du gâteau de Bordeaux et du réal.

Flon, rue Saint-Germain-l'Auxerrois, renommée du marcellin et du friand.

Sureau, rue Saint-Louis (Marais), renommée pour la pâtisserie et la cuisine. — Il y a bien d'autres spécialités que je ne cite pas, ce serait trop long, Paris possédant plus de 600 maisons de pâtisserie.

LE COUTELIER POUR PATISSIERS:

C'est Sabatier, rue Saint-Honoré, 84.

POUR LES VESTES ET TOQUES:

Hanau, rue Montorgueil, 29.
Bulot-Roussel, 34, rue Montorgueil.
Marais-Godechèvre, rue Saint-Honoré, 4.

RÉFLEXIONS

Dans toutes les maisons que j'ai fait, j'ai vu changer le genre de travail presque partout, soit des recettes à part, soit manière de travailler, car il y en a peu qui travaillent pareil et qui aient les mêmes recettes. Aussi me suis-je donné aux meilleures méthodes pour le travail, et c'est dans ce but que je me suis exprimé pour faire mon livre de recettes. A Niort, il y a une grande spécialité pour les pièces en angélique. A Nantes, ce sont les pièces montées (dites rubans), spécialité chez Caillé, confiseur, rue de la Fosse. A Tours, renommée des entremets et spécialité du monclara, chez Lacam, 38, rue Royale. A Bordeaux, spécialité de l'infante et du gazeaula. Presque toutes les villes ont leur genre de travail, aussi je dirai toujours (celui qui a quelques moyens doit voyager beaucoup pour apprendre à travailler, telle est mon idée).

Le Gorenflot.

Le gorenflot se fait avec du savarin, l'on en remplit des moules sexagones, on les fait lever, puis on les cuit à four un peu chaud, siropés au lait d'amandes, absinthe, kirsch et noyau.

Sirop de Blé ou Glucose.

Le sirop de blé est très en usage, l'on en met dans le sucre pour glacer les fruits, l'on en met aussi dans l'abricot, dans la groseille, l'on gomme avec les fruits qui sont sur les entremets ; en le faisant chauffer. Ça revient très bon marché ; l'on en met jusque dans le sirop à baba.

Gélatine ou Colle de Poisson.

Prenez toujours de la belle gélatine bien blanche pour vos gelées et crèmes anglaises. La gélatine qui n'est pas blanche donne mauvais goût et colle les gelées trop fort. Pour les crèmes anglaises, l'on met 14 et 16 feuilles aux 500 gr. de sucre, et pour les gelées, 70 gr. aux 500 gr. de sucre en pain. Le principal, c'est de bien les sangler.

Conserve de jus de Groseilles (*nouveau genre*).

35 kilos de groseilles, 10 kilos de cerises noires, 10 kilos de cerises aigres, 4 kilos de framboises, vous écrasez le tout et passez au tamis de crin, vous ramassez la râpure et passez à la presse, afin d'en extraire le jus, vous mélangez le jus et lui faites subir une fermentation de trois jours, dans la moitié d'un tonneau. Cela fait, vous le passez à la manche, vous le faites bouillir et réduire un peu, bien l'écumer, vous le mettez dans des pots de grès, bien secs et un peu chaud, et les bouchez hermétiquement ; il se conserve comme au bain-marie et il n'y a jamais rien de cassé ; car, très souvent l'on casse les bouteilles au bain-marie.

Conserve de jus de Framboises (*nouveau genre*).

Même préparation et même dose que la groseille, seulement au lieu de 35 kilos de groseilles l'on met 35 kilos de framboises, et au lieu de 4 kilos de framboises l'on met 4 kilos de groseilles. Pour vous en servir, vous mettez 1 litre 1 2 de jus et 5 litres de sirop clarifié, vous cuisez le sirop au fort boulet avant de mettre le jus, après quoi vous mélangez le tout et cuisez à 32 degrés 1/2, puis vous mettez en bouteille quand c'est froid et les bouchez. 3 fr. le litre.

TABLE DES MATIÈRES

Pages 4. AVANT-PROPOS.
    9. Préface.
   10. Notions préliminaires.
   12. Adresses utiles.

PATES.

15. Pâte à pâté.
    Pâte à dresser.
    Feuilletage.
16. Galette de Paris.
    Galette pâte ferme.
    Galette de ménage.
    Plomb fin.
    Plomb ordinaire.
    Pâte à brioche.
17. Pâte à baba.
    Pâte à savarin.
    Sirop à baba.
    Sirop à savarin.
    Pâte à échaudé.
    Pâte à choux.
18. Pâte à foncer les entremets.
    Pâte à thé.
    Pâte à seringue.
    Pâte d'office.
    Pâte à bordures.
    Pâte à devise.
    Pâte à nouille.
    Pâte à frire.

CRÈMES.

Pages 19. Crème d'amandes.
    Crème d'amandes fines.
    Crème d'amandes (extra).
    Crème à tartelette.
    Crème fine à tartelettes.
20. Crème pâtissière.
    Crème à choux.
    Crème anglaise.
    Crème à moka.
    Crème à saint Honoré.
    Crème à Breton.
    Crème à Quillet.
21. Crème vanille sèche pour flan.
    Crème à flan, meringue et saint
      Honoré.

GODIVEAU ET SAUCE.

21. Godiveau de Paris.
    Godiveau de Lyon.
    Godiveau maigre.
22. Assaisonnement.
    Caramel.
    Jus à sauce.
    Sauce espagnole.
    Sauce au blanc.
    Sauce Béchamelle.
    Espagnole de Lyon.

Pages 22. Pâtés de saumon.
23. Poids des pâtés.
Bouchées à la reine.
Bouchées aux huîtres.

ENTREMETS EXTRA.

24 Le lacam.
L'anacréon.
Le Mexicain.
Le Gibraltar.
25. Le François Iᵉʳ.
Le Ba-ta clan.
Le Lincoln.
Le Véra-Cruz.
Le Solferino.
La Louisiane.
26. Le Lauriston.
Le Lavallière.
Le Franklin.
Le Hongrois.
Le prince de Galles.
Le Constantin.
27. Le Circassien.
Le Victoria.
Le Cavour.

ENTREMETS FINS.

27. Le Calcutta.
28. La Comète.
La génoise fine.
Le trois-frères.
Le gazcaula.
L'infante de Bordeaux.
L'infante blanche.
29. Le Frioul.
Le Frascati.
Le Toulousain.
Le Cardinal.
L'Hortensia.
Le fondant.
30. Le Sicilien.
Le Monte-Christo.
Le Nelson.

Pages 30. Le Vésuve.
Le Financier.
Le Potomac.
31. Le Magnolia.
» Le Brestois.
Le Voltaire.
Le Martinique.
Le Norvégien.
32. Le Richebourg.
Le Jamaïque.
Le Prince-Jérôme.
Le Gâteau duchesse.
Le Carignan.
Le Montalembert.
33. Le Mont-Blanc.
Le Plantagenet.
Le Réal.
Le Florentin.
Le Géranium.
34. Le Pompadour.

ENTREMETS CHAUDS.

34. La brioche.
La brioche mousseline.
35. Le baba.
Le Savarin.
Le Montmorency.
Le plomb.
Le Compiègne.
Le Munich.
Le Kougleauph.
36. La mazzarine.
L'abricotine.
Le solilème.
Le souflé.
Charlotte polonaise.
Plum-Pudding français.
37. Plum-Pudding anglais.
Plum-Pudding cabinet.
Le Bordelais.
38. Timbale parisienne.
Timbale milanaise.
Charlotte de pomme.
Tourte à la moelle.
Pommes au riz.

Pages 39. Gâteau de riz.
Riz

ENTREMETS ET FRAPPÉS GLACÉS.

40. Le Parfait
Le Mousse-café.
La Charlotte Plombière.
Le Diplomate.
41. La Dame blanche.
La Plombière fine.
La Plombière ordinaire
La bombe.
42. Les fromages.
La bombe Impératrice.
La Plombière Impériale.
Les sorbets.
43. Les Sorbets extra-fins.
Sorbetière vanille.
Composition chocolat.
Sorbetière pistache.
Sorbetière café.
Sorbetière à l'orange.
Sorbetière au citron
44. Glaces aux fruits.
Sirop pour les glaces.
Glaces aux fruits riches.
Punch au rhum.
Punch froid.
Punch chaud.
Limonade gazeuse.
45. Glaces artificielles.
Glacière.

ENTREMETS GELÉS ET FROIDS.

46. Gelée au kirsch.
Gelée à l'orange.
Gelée d'orange anglaise.
Gelées en général.
Le Ministériel.
Blan-manger.
47. Bavarois café.
Bavarois vanille et chocolat.
Bavarois délicat.
Charlotte russe.
Pudding crème.

Pages 84. Pudding russe.
Mousse café.
Le Vacherin.
Petits pots de crême.
Œufs au lait.

ENTREMETS SECS.

49. Laekerlet de Bâle.
Gâteau de Nantes.
Gâteau breton.
Gâteau normand, ou Sablé de Lisieux.
50. Le Compostello.

ENTREMETS ORDINAIRES.

Biscuit de Savoie.
Biscuit de Savoie chauffé.
Gâteau d'amandes.
51. Fourré d'abricot.
Amande pralinée.
Tarte hollandaise de Nantes.
Croix de Malte.
Flanc meringué.
Mars.
52. Le Mille feuilles.
Le Napolitain.
Pâte à Napolitain
Meringue suisse.
Château-Briand.
53. Le Polonais.
Le Richelieu.
Le Milanais.
Le Toscan.
Le Viennois.
54. Le Saint Honoré.
Le Flan grillé.
Le Flan poire.
Le Flan anglais.
Le Flan polonais.
Le Flan portugais.
55. Le Flan assorti,
Les Flans d'été.
Le Mazarin.
Le Mousseline.
Le Manqué.

Pages 55. Le Nougat haché.
56. Le Nougat effilé.
Le Tartelin.
L'ambroisie ou pain de Gênes.
Le Plum-Cake.
Le Plum-Cake-Indien.
Le Biscuit punch.
57. Le Breton·
Le Venise.
Le Hombourg.
Le Moka.
58. L'Impérial.
Le gâteau du Brésil.
La Religieuse.
Le Chinois.
La Mathilde.
Le Gallicien.
Le Portugais.
Le Tempica.
Moussse à l'orange.
Mousse à l'orange fine.
60. Biscuit à l'oranger.
La Bombe hollandaise.
Gelée à l'orange.
Rhum vanillé.
Biscuit d'amandes.
La Renaissance.
61. Le Mohican.
L'Amandine.
Nougat de Tours.
Le Vivienne.
Le Bosphore.
La Framboisine
62. Le Liban.
Le Siamois.
Génoise pour croc-en-bouche.
Barcelonnette.
Portugaise.
Madeleine Toulouse.
63. Biscuit meringué.

PATISSERIE ANGLAISE.

64. Butter biscuit.
Captans biscuit.
Mins biscuit.

Pages 64. Américan biscuit.
York biscuit.
65. Carvi biscuit.
Muffins.
Jochekec.
Gelée Madère.
Minces-pies surfins.
66. Plum pudding anglais.
Seed-cake.
Bread-cake.
Buns.
67. Cross-buns.
Biscottes et Rusch.
Ratafiés.
Twelph-cake.
Pudding de Jersey.
Ginger bread-nuts.
68. Gooseberrie tarte.
Rapsberries tarte.

GATEAUX A 10 ET 15 C^{es}.

69. Gâteau de riz.
Macaroni·
Nougat.
Condés.
Anglais.
Babas.
70. Savarin.
Brioche.
Biscuit ovale.
Bédouyne.
Caprices.
Charlottes.
Italiennes.
71. Souflé de fécule.
Darioles.
Religieuses et Jalousies.
Dartois.
Bande de pommes coupées
Tartelettes anglaises.
72. Gâteau à l'orange.
Mirliton de Rouen.
Mirliton de Toulouse.
Mirliton anglais.
Nougat d'abricot.

Pages 72. Nougat de brioche.
73. Souvarow.
    Conversations.
    Tartelettes-crème.
    Marguerites.
    Madeleines.
    Madeleines légères.
    Madeleines Commercy.
74. Pain velu ou saucisson.
    Madeleines riz.
    Parmentiers.
    Gâteaux abricots.
    Gâteaux café.
    Mars.
    Pommes au riz.
75. Charlotte pomme.
    Tartelettes fruits.
    Kouques.
    Tartines Véry.
    Biscottes.
    Génoise reine.
    Narbonnaises.
76. Le Palmier.
    Gougères.
    Nougat de pommes.
    Diplomate crème.
    Nougat pistache.
    Beignets de Berlin.
77. Gâteaux de Bar.
    Croquettes de riz.
    Cauchoises.
    La poire.
    Pains anglais.
    Fantkougue.
    Cornets à Chantilly.
78. Massepains grillés.
    Croissants.
    Sandwisch.
    Milliassons.
    L'émir.
    Ganastrelles de Turin.
79. Délices de Madrid.
    Gâteaux en choux.
    Plum-cake.
    Cake.
    Financières.

Pages 79. Gâteaux marrons.
    Fourré de brioche.
80. Pommes de terre.
    Pondichéry.
    Abricots.
    Diplômes.
    Caisse de marrons.
    Pâtés d'huîtres.
81. Friandes.
    Bouchée pistache.
    Bouchée chocolat.
    Bouchée framboise.
    Rognons.
    Gâteaux en biscuit.
    Fanchonnettes.
82. Petits moka.
    Gâteaux avec les entremets.
    Gâteaux aux entremets.
    Gâteaux en génoise.
    Glaces pour gâteaux.

GÂTEAUX SECS.

83. Suédois.
    Croquets de Paris.
    Croquets de Nantes.
    Croquets de Bordeaux.
    Croquets de dames.
84. Pains de Marseille.
    Espagnols.
    Parisiens.
    Biscuits d'amandes.
    Pâte de Corinthe.
    Palais vanille.
85. Pains chinois.
    Pains de Turin.
    Gâteaux d'orgeat.
    Biscuits de mer.
    Biscuits au citron.
    Biscuits russes.
86. Gaufres pour soirées.
    Gaufres allemandes.
    Pains d'Italie.
    Gâteau punch.
    Tresses.

Pages 86. Nattes.
87. Croquant chocolat.
Croquant vanille.
Navettes d'Orléans.
Biscuits de Paimbœuf.
Biscuits de Nantes.
Macarons mous.
88. Macarons demi-mous.
Macarons ordinaires.
Macarons secs.
Macarons mous chocolat.
Macarons chocolat, ordinaires.
89. Macarons amers.
Macarons noisettes.
Macarons d'Italie ou rochers.
Macarons de Niort.
Macarons framboises.
Rochers blancs.
90. Rochers roses.
Rochers chocolat.
Esses chocolat.
Esses Vanille.
Petits pains.
Pains anglais.
Croix anglaises.
91. Biscottes de Nantes.
Bâtons et ronds vanille.
Bordelaises.
Biscuits anglais.
Flûtes de Gand.
Américaines.
92. Tranches à l'orange.
Petits Nantes.
Croquets amandes.
Alsaciens.
Bartavelles.
Milanaises.
93. Briords.
Tranches perlées.
Pains d'angélique.
Massepains russes.
Biscuits à thé.
94. Chapeaux.
Rochers pignons.
Croquets glacés.
Grissini.

Pages 94. Couronnes chocolat et vanille.
Gâteaux secs riches.
95. Cassonnés.
Pistachés.
Anglais au rhum.
Petits croissants.
Biscuit de Reims.
Biscuit plat.
96. Biscuit cuillère.
Biscuit cuillère délicat.
Langues de chat, extra.
Langues de chat, ordinaires.
Langues à la crème.
Langues sèches.
97. Palais de dames.
Palais raisins.
Flamandes.
Fondants.
Biscuit chocolat.
Biscuit à la vanille.
Biscuit framboise.
98. Patiences.
Copeaux ou rubans.
Croquignoles.
Meringues café.
Meringues framboise.
99. Meringues anglaises.
Meringues italiennes.
Meringues russes.
Caisses de meringues.
Biscotins d'Aix.
Calissons d'Aix.
100. Macarons St-Emilion.
Macarons à la crème.
Macarons de Hollande.
Hollandais au café.
Hollandais chocolat.
Meringues crème.
101. Biscuit à 5 et 10 cent.
Nougat de Montélimart.
Andalouses.
Noisettes pralinées.
Pâte à thé, grasse.
102. Pâte à thé, anglaise.
Pâte à thé américaine.

Pages 102 Pâte à thé de Paris.
   Grillades.
 103. Tablettes d'Althéa.
   Chapeaux à Thé.
   Croquante pour pièce montée.

VINS FINS.

 104. **Malaga.**
   Madère.
   Lunel et Frontignan.
 105. Champagne.
   Lacrima-Chisti.

SIROPS.

 106. Capillaire.
   Gomme.
   Orgeat.
 107. Groseille.
   Framboise.
   Vinaigre.
   Vinaigre pour le sirop de vi-
    naigre.

CONFITE DE FRUITS.

 108. Cerises.
   Poires.
   Ecorces d'oranges.
 109. Angélique.
   Reines-Claudes
   Abricots.

CONSERVES DE FRUITS.

 110. Cerises.
   Abricots.
   Mirabelles-reines-claudes.
   Pêches.
 111. Conserve de tomate.
   Conserve d'oseille.

CONFITURES, GELÉES ET PATES DE FRUITS.

Pages 112. Marmelade d'abricots.
   Marmelade de mirabelles.
   Groseilles de Bar-le-Duc.
   Conserves de marmelade.
 113. Gelée de groseilles.
   Gelée de coings.
   Gelée de pommes.
   Pâte de pommes.
   Pâte de coings.

PETITS FOURS.

 114. Petits fours à 3 et 4 fr.
   Pâte d'amandes sur le feu.
 115. Le petit four en biscuit.
   Le petit four en génoise.
   Le petit four macaron léger.
   Le petit four en caisse.
   Le petit four farci.
 116. Le petit four moëlleux au sac.
   Le petit four Lacam (au sac).
   Le petit four moëlleux à se-
    ringue jaune.
 117. Le petit four seringue moëlleux
    blanc.
   Le petit four blanc à la main.
   Le petit four jaune à la main.
   Pâte d'amande chocolat.
   Pâte d'amande pistache.
 118. Pâte d'amande de fraise.
   Petit four italien.
   Petit four meringue moëlleux.
   Dattes farcies.
   Amandes d'Aboukir.
 119. Amandes Molière.
   Coquilles et noix.
   Coquilles à l'ananas.
   Fours à thé, variés fins.
 120. Vanille.
   Viande.
   (RAISINS). Corinthe, Smyrne,
    Malaga.
   Vol-au-vent.
   Pâte pour les rossignols.
 121. Génoise ordinaire.

Pages 121. Pâte à foncer ordinaire.
Cerises déguisées.
Desserts riches.
Tranches à l'anisette.
122. Echaudés de Bretagne.
Entremets et gâteaux en général.
124. Modèle d'une soirée de 300 personnes.
125. Menu d'un dîner de 30 couverts.
Menu d'un dîner de 20 couverts.
127. Mots techniques employés en pâtisseries et glaces.

RECETTES SUPPLÉMENTAIRES.

131. Gâteau anglais ou de voyage.
Le Frézal.
Biscuits à la noisette.
132. Brioches de Marseille.
Brioches de Lyon.
Crèmes de meringues.
Composition d'amandes.
Le Fribourg.
133. Souflage.
Moscovite.
Christo.
Le Vénitien.
Gâteau des Rois (de Bretagne).

Pages 134. Pains de Saint-Malo.
Pains d'Écosse ou pains anglais
4 épices pour assaisoner.
Madeleine de Nantes.
134. Meringuage.
Pâte à choux Américaine.
Gommage (Lacam).
Feuilletage.
Biscuits-Cuillère.
136. Pâte à foncer, à pâté et autres.
Pâte à thé.
Zestes de citrons.
Ecorces d'oranges.
137. Crèmes en général.
Pâte sur le feu et à froid.
Pâtes sucrées et à Thé.
Macaronnage.
138. Sirop pour les flans.
PRINCIPALES SPÉCIALITÉS DES PATISSIERS.

RÉFLEXIONS.

141. Le Gorenflot.
Sirop de Blé ou Glucose.
142. Gélatine ou colle de poisson.
Conserves de jus de groseilles (nouveau genre).
Conserves de jus de Framboises (nouveau genre).

FIN DE LA TABLE

TYPOGRAPHIE DUBOIS ET EDOUARD VERT, RUE NOTRE-DAME-DE-NAZARETH, 29.

Paris. — Typ. Dubois et Édouard Vert

RUE NOTRE-DAME-DE-NAZARETH, 29.